# Grundriss des gesamten deutschen Rechts

## in Einzelausgaben

von

## Dr. jur. Paul Posener

Liegt nunmehr vollständig in 20 einzeln käuflichen — Bändchen vor.

**Preis eines jeden Bandes elegant gebunden und mit Schreibpapier durchschossen nur 90 Pf.**

Der „Grundriß" will den jüngeren Juristen zweierlei bieten: die Erleichterung selbständigen Arbeitens und die sichere Durchprüfung des erworbenen Wissens. Der Anfänger, der im Kolleg oder bei privater Arbeit aus umfangreichen Lehrbüchern den ungeheuren Stoff zu bewältigen sucht, soll durch kurze, seiner Individualität angepaßte Bemerkungen den vollständig in Stichwörtern dargestellten Stoff ergänzen, sich selbst erklären. Der Examenskandidat hat die Möglichkeit eines zuverlässigen Nachprüfens seines Könnens.

Unsicherheit der durch Geschlechter vererbten Hefte, Angst vor dem Durchstudieren dickleibiger Kompendien, öde und sinnlose Examenspaukerei aus langweiligen Repetitionsbüchern sind bei Verwendung des Grundrisses ausgeschlossen. Ein Blick orientiert: plastisch — in Stichwörtern — ist der gesamte Stoff dargestellt. Kürze, Übersichtlichkeit, Genauigkeit und Vollständigkeit sind die Hauptprinzipien, Freude an selbständigem Arbeiten und sicheres, gründliches Wissen die Früchte dieser neuen Arbeit.

Die innere Rechtsgeschichte ist jedem Institute des modernen Rechtes vorangeschickt: nur dadurch wird wahrhaft wissenschaftliches Arbeiten ermöglicht. Das Gesetz ist überall zitiert; ebenso die Hauptvertreter der Wissenschaft.

# Lösungen

zu dem

# Civilrechtspraktikum

Zum Selbststudium und zum Lehrgebrauch

von

**Dr. jur. et phil. Richard Schück,**
Kammergerichtsrat in Berlin.

Nach dem **Bürgerlichen Gesetzbuch** bearbeitet, für Studierende und Referendare.

Mit Genehmigung des Verfassers des Textes

herausgegeben

von

**Heinrich von der Mosel,**
Referendar in Dresden.

**Erstes Heft.**

Berlin 1903,
J. J. Heines Verlag.

# Einleitung.

Mit Genehmigung des Herrn Kammergerichtsrats Dr. Schück in Berlin hat der Verfasser für einzelne Fälle aus dessen Buch „Civilrechtspraktikum“ die Entscheidungen auszuarbeiten versucht. Diese kleinen Besprechungen sind hauptsächlich für den angehenden Juristen bestimmt. Sie beanspruchen nicht im Entferntesten diese praktischen Fälle erschöpfend ausgeführt zu haben, wie dies bei den praktischen Übungen auf den Universitäten geschieht, sondern sie wollen nur die Gesichtspunkte geben, auf Grund deren die Entscheidung erfolgen kann oder muß. In dieser Weise wollen sie in das Studium des Bürgerlichen Gesetzbuchs einführen. Aus dem Zwecke des Buchs erklärt sich der Umstand, daß für die Entscheidungen, auch soweit sie schwieriger sind, vorläufig noch möglichst wenig Literatur gegeben wird. Es mag demjenigen, der — z. B. zur Ausarbeitung eines Urteils — Belege für seine Ansicht anführen will, überlassen bleiben, die einzelnen Kommentare, Lehrbücher, Entscheidungen der Gerichte u. s. w. nachzulesen.

Als Kommentare hat der Verfasser fast nur die von Rosenthal und Kuhlenbeck benutzt, als Lehrbuch das von Rosenthal.

Die Veröffentlichung dieses ersten Heftes der Bearbeitungen ist nur ein Versuch. Der Verfasser hat daher, ohne sich an die Reihenfolge der Fälle im Texte zu halten, diejenigen ausgewählt, die ihm als die interessantesten und lehrreichsten erschienen. Dadurch sind natürlich Lücken entstanden, so daß ein systematisches Studium nach den Gesetzesmaterien — nach denen ja die Fälle im Text im allgemeinen geordnet sind und worin gerade das Neue liegt, was erstrebt werden soll — vorläufig noch erschwert ist. Auch ist zunächst nur der I. und II. Teil des Bürgerlichen Gesetzbuchs in Betracht gezogen worden. Sollten sich die Ausführungen als brauchbar erweisen, so bleibt ja immer noch die Möglichkeit, die Lücken auszufüllen und die weiteren Teile des Gesetzbuchs zu behandeln.

Der Herausgeber spricht dem Herrn Verfasser des Textes auch hier seinen Dank dafür aus, daß er ihm die Bearbeitung in bereitwilligster Weise gestattet hat.

In schwierigeren Fällen ist der Verfasser von den Herrn Dr. Sarling in Leipzig und Oberlandesgerichtsrat Schmidt in Dresden in freundlichster Weise unterstützt worden. Auch ihnen wird hiermit der schuldige Dank entgegengebracht.

Der Verfasser bittet, die kleine Sammlung wohlwollend aufzunehmen, indem er zugleich bemerkt, daß ihm etwaige weitere Anregungen bez. Verbesserungen nur erwünscht sein könnten.

Dresden, den 1. November 1902.

**Heinrich von der Mosel**, Referendar.

---

# Abkürzungen.

B.G.B. = Bürgerliches Gesetzbuch.
E.G. = Einführungsgesetz zum Bürgerlichen Gesetzbuch.
C.P.O. = Civilprozeßordnung.
H.G.B. = Handelsgesetzbuch.
W.O. = Wechselordnung.
K.O. = Konkursordnung.
F.G.G. = Reichsgesetz über die Angelegenheiten der freiwilligen Gerichtsbarkeit.
Gr.O. = Grundbuchordnung.
Gew.O. = Gewerbeordnung.
Str.G.B. = Strafgesetzbuch.
Str.P.O. = Strafprozeßordnung.
Zw.V.G. = Zwangsversteigerungsgesetz.

Anm. Die Paragraphen des Bürgerlichen Gesetzbuchs werden gewöhnlich ohne den Zusatz B.G.B. angeführt.

# Erstes Buch.

# Allgemeiner Teil.

**Fall 1.** (Schücks Civilrechtspraktikum Seite 1.)

Die erste Behauptung des Professors betreffs der Zeit der Geburt der Kinder ist falsch, denn wie in allen öffentlich-rechtlichen Verhältnissen nach dem Reichsgesetz vom 12. März 1893, so gilt gewohnheitsrechtlich auch in privatrechtlichen Verhältnissen die mitteleuropäische Zeitrechnung, falls nicht besondre Bestimmungen vorliegen. Nach dieser Zeitrechnung sind die hier in Betracht kommenden Kinder des Professors und des Hauptmanns zu gleicher Zeit geboren, nämlich um 9 Uhr vormittags. Der Professor beruft sich weiter darauf, daß sein Kind während der Geburt geschrieen, also bereits vor der völligen Ausstoßung aus dem Mutterleibe gelebt habe. Diese Behauptung wird ohne weiteres hinfällig durch die Vorschrift des § 1. Danach beginnt die Rechtsfähigkeit des Menschen erst mit der Vollendung der Geburt, also beginnt auch die Fähigkeit eine Erbschaft zu erwerben, die ja nur eine Seite der Rechtsfähigkeit ist, mit diesem Zeitpunkte.

Besser ist das Vorbringen des Hauptmanns, daß das Kind des Professors nur in das Sterbregister eingetragen, also jedenfalls in der Geburt verstorben sei. Die in § 18 des Personenstandsgesetzes von 1875 genannten Personen haben die Verpflichtung, jeden Geburtsfall dem Standesbeamten des zugehörigen Bezirks anzuzeigen. Der Standesbeamte hat weiter die Verpflichtung jeden in seinem Bezirke vorkommenden Geburts- und Sterbefall, der ihm angezeigt wird, zu beurkunden. Hier ist nun nur der Sterbefall eingetragen worden. Also ist nach § 15 verb. mit § 23 Pers.Ges. zu vermuten, daß das Kind des Professors überhaupt nicht gelebt hat, sondern bereits in der

Geburt — also vor völliger Ausstoßung aus dem Mutterleibe — gestorben ist. Bewiesen ist dies freilich nicht, wie der Hauptmann annimmt. Denn es ist nicht ausgeschlossen, daß bei der Anzeige ein Irrtum vorgekommen ist, oder daß der Standesbeamte die Beurkundung der Geburt vergessen hat. Der Gegenbeweis bleibt also immer offen. Im Text ist aber nicht davon die Rede, daß der Professor wirklich diesen Gegenbeweis geführt hat. Gelingt ihm dieser Beweis nicht, so muß der Hauptmann im Prozesse unter allen Umständen durchdringen, und seinem Kinde muß das Recht auf die Villa zugesprochen werden.

Nimmt man als bewiesen an, daß auch das Kind des Professors lebend geboren ist, so sind beide Kinder, da sie als zugleich geboren angesehen werden müssen, an dem Vermächtnis zu gleichen Teilen berechtigt, und das Testament ist insoweit zu interpretieren. (Concursu partes fiunt, vergl. auch § 2073.)

Übrigens fordert der Professor, selbst wenn ihm der Beweis, daß sein Kind ebenfalls Rechtsfähigkeit erlangt hat, gelingen sollte, wahrscheinlich noch zu viel, wenn er die Hälfte des Vermächtnisses beansprucht. Denn wenn man voraussetzt, daß seine Frau zur Zeit des Erbfalls noch lebt, so wird diese nach § 1925 Abs. 2 Miterbin ihres Kindes zu $1/2$ während die andere Hälfte — also ein Viertel des Ganzen — auf den Vater entfällt.

**Fall 2.** (Schücks Civilrechtspraktikum Seite 1.)

Nach § 1303 verbunden mit § 2 darf der Student, da er noch nicht volljährig ist, eine Ehe nicht eingehn, ebensowenig darf es das Mädchen, da es das 16. Lebensjahr nicht vollendet hat. Von diesem Erfordernis kann auch der Student nach § 1303 Abs. 2 im Gegensatz zu dem Mädchen nicht befreit worden. Trotz dieser Hindernisse wünschen die Konkumbenten und ihre Eltern die unverzügliche Verbindung. Ist diese zu erreichen? Diese Frage ist also im allgemeinen zu verneinen. Denkbar wäre nur, daß der Student nach Vollendung des 18. Lebensjahres für volljährig erklärt wird. (§ 3.)

Gesetzt der u. s. w. Eine Anfechtung ist nicht möglich. Aus den §§ 1323—1328 folgt zunächst, daß die trotz obiger Ehehindernisse abgeschlossene Ehe nicht nichtig ist. Denn die Fälle der §§ 1324—28 liegen nicht vor. Aus § 1331 folgt weiter, daß die Ehe auch nicht anfechtbar ist, denn sie ist nicht nur mit Einwilligung, sondern sogar auf Wunsch der gesetzlichen Vertreter abgeschlossen worden. Es liegen also hier sog. aufschiebende Ehehindernisse vor, das heißt solche, welche der Standesbeamte beachten und bei deren Vorliegen er die Eheschließung nicht zulassen soll, welche aber, wenn der Standesbeamte sie aus Unkenntnis oder Versehn nicht beachtet und trotz ihres Vorhandenseins die Eheschließung zuläßt, das rechtliche Zustandekommen der Ehe nicht verhindern, sondern höchstens den Standesbeamten strafbar machen (vergl. Kom. von Rosenthal Anm. 1a vor § 1323).

Welche Rechtsstellung erlangt das vor der Ehe erzeugte Kind? das Kind wird nach § 1719 sofort mit Abschluß der Ehe ein eheliches.

**Anm.** Der Vater muß, wenn er gegenüber Dritten einen Beweis der Ehelichkeit des Kindes haben will, sein Kind noch vor dem Standesamte als von ihm erzeugt anerkennen. Sodann hat der Standesbeamte auf der Geburtsurkunde auf Antrag den Randvermerk zu machen, daß der Vater das Kind, welches bisher nach der Geburtsurkunde, die nur den Namen der Mutter angibt, als außerehelich galt, als von ihm erzeugt anerkannt habe. Auf Verlangen erhält sodann der Vater des Kindes eine Geburtsurkunde desselben ausgestellt, die diesen Randvermerk mit enthält, wodurch er sein Kind in der Schule oder wo er sonst will, als eheliches legitimieren kann. Für die Frage, wann das Kind ein eheliches wird, hat diese Anerkennung, wie gesagt, keine Bedeutung, denn für sie gilt allein § 1719.

**Fall 3.** (Schücks Civilrechtspraktikum Seite 2.)

Die Frage ist die, inwieweit für die 3 Fälle ein Schutz des Namensrechts auf Grund von § 12 einzugreifen hat.

a) Der Professor ist eine allgemein bekannte und geachtete Persönlichkeit. Seine Bedeutung besteht darin, daß er Philosophie vorträgt. Wenn er in einem Lustspiel mit vollem Namen auf die Bühne gebracht und als lächerliche Figur dargestellt wird, so ist nicht ausgeschlossen, daß ihm infolge dieser Darstellung das Verhalten, die Handlungen und Leistungen der im Lustspiel vorkommenden Person irrtümlicherweise zugerechnet werden, daß er dadurch an Achtung verliert und die Zahl seiner Zuhörer infolgedessen abnimmt. Er hat also nicht nur ein Interesse schlechthin, sondern vielleicht auch ein Vermögensinteresse, welches nach § 12 gar nicht vorausgesetzt wird, daran, daß er nicht in dieser Weise dargestellt wird. Der § 12 will nun zwar vor allem den häufigsten Fall treffen, daß jemand unbefugt sich selbst den Namen eines anderen beilegt. Doch kann man auf Grund extensiver Interpretation desselben auch das als unbefugten Gebrauch bezeichnen, wenn jemand einem anderen — daß ist hier der Schauspieler im Lustspiel — den Namen eines Dritten unter Umständen beilegt, die dessen Interesse an seinem Namen verletzen. Somit ist hier meines Erachtens der Schutz des § 12 gegeben, und der Professor kann dem Autor des Lustspiels den Gebrauch seines Namens verbieten. Er kann also klagen auf Änderung der Bezeichnung der betreffenden Person des Lustspiels in der Weise, daß eine Verwechslung mit seiner Person ausgeschlossen ist, ferner, da weitere Beeinträchtigungen hier leicht zu besorgen sind, auf Unterlassung der Bezeichnung bei späteren Aufführungen. Handelt der Verurteilte seiner Verpflichtung zur Unterlassung nach Erlaß des Urteils auch fernerhin zuwider, so kann er an sich nur mit mittelbarer Gewalt hierzu gezwungen werden, der Schuldner kann nämlich gemäß § 890 der C.P.O. auf Antrag des Gläubigers wegen jeder Zuwiderhandlung vom Prozeßgericht erster Instanz zu einer Geldstrafe bis zu 1500 M. oder zur Strafe der Haft bis zu 6 Monaten verurteilt werden. Der Verurteilung muß nach § 890 Abs. 2 C.P.O. eine Strafandrohung vorausgehen. Den Antrag auf Strafandrohung braucht der Gläubiger nicht erst in Zwangsvollstreckungsverfahren zu stellen, sondern kann ihn, wie dies in der Praxis meistens geschieht, schon als Kläger im Klagantrag stellen. Dann erreicht er die Strafandrohung schon früher, nämlich bereits im Urteil über die Hauptsache. Hierauf kann auf seinen Antrag die Verurteilung des Schuldners zu der nach § 890 Abs. 1 C.P.O. festgesetzten Strafe durch Beschluß erfolgen. Sollte sich der Autor auch weigern, die Änderung der Bezeichnung der den Professor darstellenden Person vorzunehmen, so könnte dieser auch das durch mittelbaren Zwang nach § 888 C.P.O. erwirken, da hier eine ausschließlich vom Willen des Schuldners abhängende Handlung in Betracht kommt. (Auch § 887 könnte man in Erwägung ziehn.)

b) Hier ist § 12 wieder auf Grund extensiver Interpretation anwendbar. Das fragliche Schreiben geht offenbar nicht von Bismarck aus, da es der Weinbergsbesitzer selbst ersonnen hat und Bismarck es nicht unterschrieben hat. Der Weinbergsbesitzer sucht aber bei dem Publikum den Glauben zu erwecken, als ob es von Bismarck ausginge, als ob dieser also seinen Wein belobigt hätte, damit sucht er das Publikum in seinem Interesse zu täuschen. Bismarck hat aber entschieden ein Interesse daran, daß ein Schreiben, das eine Ansicht enthält, die er möglicherweise gar nicht vertritt, nicht als von ihm unterschrieben verbreitet wird. Der Weinbergsbesitzer gebraucht also den Namen Bismarcks unbefugt und verletzt damit dessen Interesse an seinem Namen. Bismarck kann daher von demselben auf Grund von § 12 Beseitigung der vorhandenen Belobigungsschreiben verlangen. Da weitere Beeinträchtigungen leicht möglich sind, so kann er auch auf Unterlassung der Anfertigung weiterer mit seiner Unterschrift versehner Belobigungsschreiben klagen. Auch kann der Kläger wieder mit dem Klagantrage den Antrag nach § 890 der C.P.O. verbinden, oder denselben nach

Erlaß des Urteils stellen. (Vergl. hierüber das unter a Gesagte.) **Bismarck kann** dagegen nicht darauf klagen, daß der Weinbergsbesitzer auch die Bezeichnung „Fürst Bismarck" unterläßt. Durch sie wird das Interesse Bismarcks nicht verletzt. Denn es ist in unserem Verkehrsleben allgemein üblich, Zigarren oder anderen Waren die Namen berühmter Männer beizulegen. Diese Bezeichnungen haben vorwiegend den Zweck, ein Unterscheidungsmerkmal zu bilden, nicht aber den, den Anschein zu erwecken, daß die betreffende Person in irgend einer Beziehung zu der Sache steht. Derjenige, welcher daraufhin diesen Waren einen besonderen Wert beilegt, hat selbst die Schuld daran, denn es fehlt ihm die normalerweise bei einem Käufer vorauszusetzende Kenntnis vom Verkehrsleben.

c) Hier ist der Schutz des § 12 nicht gegeben. Offenbar stützt sich der Schustergeselle darauf, daß durch die Namensänderung des Referendars Cohn in Conrad der Anschein erweckt werden könnte, daß er selbst der früher Cohn genannten jüdischen Familie angehöre. Nach unserem modernen Rechtsanschauungen hat aber die Religion in rechtlicher Beziehung keinen Einfluß mehr. Das Interesse eines Mannes Namens Conrad an seinem Namen wird somit nicht dadurch verletzt, daß ein Jude Cohn den Namen Conrad annimmt. Der Schustergeselle kann daher weder gegen den Referendar, noch gegen die zuständige Behörde irgendwie vorgehn.

**Anm.** Über das Namenrecht läßt sich vieles sagen, was aber dem Zwecke der vorliegenden Behandlung nicht entspräche, welcher nur dahin geht, die leitenden Gesichtspunkte zu eröffnen und im direkten Anschluß an den einzelnen Fall so kurz wie möglich zu entscheiden, ohne weiter auf theoretische Entwicklungen und die damit zusammenhängenden Streitfragen und die Literatur einzugehen. Bemerkt soll nur werden, daß das Namenrecht eines von den wenigen sogenannten Individualrechten des Menschen ist, welche durch B.G.B. geschützt werden. Ähnliche Rechte sind das von mir als vorhanden angenommene, jetzt viel besprochene Recht auf Verbieten des Reproduzierens von Photographieen, wenn die Aufnahme wider Willen des Aufgenommenen erfolgt ist (sog. Recht am eignen Bild, vergl. Fall 311), und das Recht der Verfügung über den Körper für die Zeit nach dem Tode. (Vergl. Fall 53.)

Frühere Reichsgesetze enthielten übrigens einen Schutz des Namenrechts nur in einzelnen Beziehungen, so schützen z. B. das H.G.B. das Firmenrecht der Kaufleute, das Gesetz vom 12. Mai 1894 und das Gesetz vom 27. Mai 1896 über den unlauteren Wettbewerb die Warenbezeichnungen. Auch diese Vorschriften kann man bis zu einem gewissen Grade als hierher gehörig in Betracht ziehen.

**Fall 4.** (Schücks Civilrechtspraktikum Seite 2.)

Der Portier hat die Verpflichtung, die Straße vor dem Hause der Gesellschaft zu bestreuen. Wenn er dies unterläßt, so handelt er widerrechtlich denn er verletzt die fragliche Polizeiverordnung, er handelt auch fahrlässig, da er die möglichen Folgen seiner Unterlassung kennt oder kennen muß, somit die im Verkehr erforderliche Sorgfalt außer acht läßt. (§ 276.) A. erleidet dadurch eine Körperverletzung. Der Portier hat also nach § 823 (vielleicht nach § 823 Abs. 2) dem A. Schadenersatz zu leisten. Daß sein Verstoß in einer Unterlassung besteht, ist gleichgültig, da die vorliegende Polizeiverordnung nur durch Unterlassung übertreten werden kann und daher eine Verpflichtung zur Handlung vorlag. (Vergl. Baron, Pandekten, § 313 II b S. 576.)

Weiter fragt sich, ob auch die Aktiengesellschaft dem A. für den Schaden haftet. Der Portier ist vom Vorstande der Gesellschaft angestellt und instruiert worden. Da dieser aber nur als direkter Stellvertreter der Gesellschaft — also einer juristischen Person — handelt, so gilt er als von der Gesellschaft selbst angestellt. Bezüglich der Haftung der Gesellschaft sind also die Vorschriften über die Haftung für Verschulden Angestellter in Betracht zu ziehn. Das H.G.B., welches hier zunächst in Frage kommt, gibt hierüber im allgemeinen keine näheren Bestimmungen, sondern läßt das B.G.B. entscheiden. Dieses regelt die Frage vor allem in § 278 und § 831. § 278 kommt hier nicht in Betracht, da er nur für Verschulden aus Vertragsverhältnissen gilt, es bleibt also § 831. Zweifellos ist der Portier von der Gesellschaft zu einer Verrichtung bestellt, indem er den Bürgersteig vor dem Hause mit Sand zu bestreuen hat. Die Gesellschaft haftet daher für den Schaden, den er in Ausübung dieser Verrichtung einem Dritten widerrechtlich zufügt. Nun entsteht zwar der Schaden hier nicht bei Ausführung der Verrichtung, sondern gerade durch Unterlassung derselben. § 831 ist aber ebenso wie § 823 dahin zu interpretieren, daß er nicht nur die Schadenzufügung durch positive Handlung, sondern auch eine solche durch Unterlassung umfaßt, wenn eine Verpflichtung zum Handeln vorlag (s. o.). Somit muß die Gesellschaft für den vom Portier dem A. zugefügten Schaden nach § 831 Abs. 1 Satz 1 haften. Die Gesellschaft kann sich aber von dieser Haftung nach § 831 Abs. 1 Satz 2 befreien, indem sie nachweist, daß sie bei Anstellung des Portiers die im Verkehr erforderliche Sorgfalt beobachtet habe. Das würde in einem etwaigen Prozeß besonders durch die Aussage des Vorstands, der den Portier angestellt und instruiert hat, sowie durch den Nachweis, daß der Portier im allgemeinen ein ordentlicher und tüchtiger Mensch ist, festgestellt werden können. Gelingt der Beweis, so würde der Schadenszufüger allein haften.

B. mußte also seine Klage, soweit sie sich gegen die Gesellschaft richtet, auf § 831 stützen. C. stützt sich dagegen auf § 31. Diese Vorschrift schlägt deshalb nicht ein, weil es sich darin nur um den Schaden handelt, den der Vorstand, ein Mitglied des Vorstandes oder ein anderer verfassungsmäßig berufener Vertreter des Vereins durch eine in Ausführung der ihm zustehenden Verrichtungen begangene zum Schadenersatze verpflichtende Handlung einem Dritten zufügt. § 31 will also eine verschärfte Haftung eines rechtsfähigen Vereins für außerkontraktliches Verschulden der genannten Personen feststellen, indem der Verein sich nicht auf die Einrede nach § 831 Abs. 1 Satz 2 stützen kann. Richtig ist zwar, daß § 31 in Ermangelung besonderer Vorschriften des H.G.B. auch für Gesellschaften gilt, die juristische Personen sind. Im vorliegenden Fall hat aber ein Dritter den Schaden zugefügt, der erst vom Vorstand angestellt worden ist. Daß dieser kein verfassungsmäßig berufener Vertreter des Vereins ist, ist ohne weitres klar. Somit ist § 31 nicht anwendbar, und die Gesellschaft hat das Recht aus § 831 Abs. 1 Satz 2. Sie haftet, falls sie den fraglichen Nachweis nicht erbringt, nach § 840 mit ihrem Angestellten zusammen als Gesamtschuldner. Andrerseits führt die falsche Rechtsausführung, auf die sich A. stützt, nicht zur Klagabweisung. (Nach dem Satze: jura novit curia.)

**Anm.** Für das innere Verhältnis gilt hier, wie in allen derartigen in der Praxis sehr häufigen Fällen folgendes: Wenn der Vorstand bei Auswahl des Portiers nicht die erforderliche Sorgfalt anwendete, so handelte er fahrlässig und haftet daher der von ihm vertretenen Gesellschaft auf Schadenersatz. Diese Haftung gründet sich aber nicht auf Delikt, sondern auf Vertrag, nämlich auf mangelhafte Erfüllung des zwischen ihm und der Gesellschaft bestehenden Vertrags, der als Dienstvertrag anzusehn ist. Daraus haftet er gemäß § 241 H.G.B. verb. mit § 276 B.G.B. Der Verein würde also insofern ein Regreßrecht gegen seinen Vorstand haben.

Die Höhe und Art des Schadensersatzes regeln an und für sich die allgemeinen auch für Vertragsverhältnisse gegebenen Schadensersatzvorschriften der §§ 249 fg. Für den Fall der Verletzung des Körpers hat aber § 843 die spezielle Anordnung gegeben, die hier aller Wahrscheinlichkeit nach einschlägt.

**Fall 5.** (Schücks Civilrechtspraktikum Seite 2.)

Der Gesangverein Harmonie ist ein Verein im Sinne des § 21, also ein solcher, der durch Eintragung in das Vereinsregister des zuständigen Amtsgerichts die Rechtsfähigkeit — also juristische Persönlichkeit — erlangt hat. Gemäß § 26 wird der Verein durch A. als Vorstand vertreten und zwar ist dieser direkter Stellvertreter. (§ 164.) Der Mietvertrag zwischen A. und B., sowie der Dienstvertrag zwischen A. und C. sind daher als Rechtsgeschäfte des Vereins, also der juristischen Person, anzusehn. Wenn nun die Vereinsmitglieder bis auf A., X. und Y. austreten und A. stirbt, so hat der Verein nur noch zwei Mitglieder, nämlich X. und Y., da nach § 38 die Mitgliedschaft nicht übertragbar und nicht vererblich ist und die Erben des A. daher nicht Mitglieder des Vereins werden. Daher hat das Amtsgericht ganz mit Recht unter Berücksichtigung des § 73 dem Verein die Rechtsfähigkeit entzogen. Nach § 47 hat nunmehr die Liquidation zu erfolgen. Nach § 49 Abs. 2 gilt dabei der Verein als fortbestehend, soweit der Zweck der Liquidation es erfordert. Dies ist aber vor allem der Fall, wenn es sich um Abwicklung früher eingegangener Verträge und um Prozesse wegen derselben handelt. Die aus diesen Verträgen Berechtigten müssen also den Verein als juristische Person verklagen und dieser haftet nur mit dem Vereinsvermögen. Im vorliegenden Falle ist nun gerade der Vorstand, der zur Vertretung des Vereins im Liquidationsverfahren gesetzlich berufen ist, nicht mehr vorhanden. Die Gesellschafter müssen daher analog § 27 (vergl. § 48) einen anderen Liquidator bestellen, als welcher einer von ihnen oder auch ein Dritter auftreten kann. Dieser hat in dem von B. und C. anzustellenden Prozesse den Verein zu vertreten. (Eventuell muß nach § 29 die Bestellung erfolgen.)

Die Frage ob B. und C. wegen der Miete und des Lohns auch gegen die Erben des A. klagen können, ist nach dem Obigen zu verneinen. Denn da, wie oben gesagt, nach § 38 die Mitgliedschaft nicht übertragbar und nicht vererblich ist und die Erben des A. somit nicht Mitglieder des Vereins werden, so geht auch das Recht des A. an dem Vermögen des Vereins nicht auf seine Erben über. Diese sind daher bei einer Klage gegen die Vereinsmitglieder nicht passiv legitimiert. (Dagegen übernehmen die Erben des A. die Verpflichtungen desselben. Zu diesen gehört aber möglicherweise die Verpflichtung zur Herausgabe des noch bei ihnen befindlichen Inventars (s. u.). Im Falle der Nichtbefriedigung oder nicht völligen Befriedigung können daher die Gläubiger auf Grund vollstreckbaren Urteils die Forderung des Vereins gegen die Erben des A. auf Herausgabe der Inventargegenstände pfänden und sich überweisen lassen und treten nun als Gläubiger an Stelle des Vereins.)

Welche Rechte können die Beklagten wegen des Inventars geltend machen? Da das Inventar sich zum Teil bei dem Vermieter B., zum Teil bei den Erben des A. befindet, so kann es sich hier nur um Rechte gegen diese Personen handeln. Mit B. hat der Verein einen Mietvertrag abgeschlossen, seine Rechte bestimmen sich also nach den §§ 535 fg. bez. nach dem Vertrage. Ist dieser z. B. sofort kündbar, so kann der Verein das Inventar herausverlangen und es so zur Bezahlung der Schulden mit verwenden, falls das sonstige Vermögen nicht zureicht. Was die Rechte und Pflichten des Vereins gegen die Erben des A. betrifft, so kommt es hier wieder auf das zwischen dem Verein und den Erben bestehende Vertragsverhältnis an, auf Grund dessen die Erben des A. die Möbel erlangt haben. Wahrscheinlich ist es ein Mietvertrag. Es kann aber auch ein Verwahrungsvertrag sein. (§§ 688 fg.) Ist dieser Vertrag ohne Kündigungsfrist geschlossen, so kann der Verein das Inventar von den Erben des A. sofort herausverlangen, andernfalls unter Einhaltung der gesetzlichen oder vertragsmäßigen Kündigungsfrist.

Ungenau ist es, wenn hier von Rechten der Beklagten die Rede ist. Die fraglichen Rechte muß vielmehr, wie schon hervorgehoben, der Verein als juristische Person unter der Firma „Gesangverein Harmonie in Liquidation" geltend machen, denn offenbar erfordert das der Zweck der Liquidation. (Vergl. das zur ersten Frage hierüber Gesagte.) Es kann übrigens auch sein, daß der Verein noch zu Lebzeiten des A. diesem den fraglichen Teil des Inventars übergeben hat. Freilich entsteht dann die Frage, in wieweit A. als Vorstand zu diesem Rechtsgeschäft mit sich selbst berechtigt war. (§ 181.) Es soll aber hierauf nicht näher eingegangen werden, da dies zu weit führen würde.

**Anm.** Hätten X. und Y. nach Entziehung der Rechtsfähigkeit neue Schulden kontrahiert, so würden sie für diese nach § 54 im allgemeinen wie Gesellschafter haften, also persönlich (§§ 705 fg.). Erhebt der Gläubiger aus diesen Verträgen Klage, so würde § 50 C.P.O. in Betracht kommen, denn es ist zu beachten, daß der Verein als nicht rechtsfähiger in Ermangelung einer ausdrücklichen oder stillschweigenden Auflösung noch nicht aufgehört hat zu existieren.

**Fall 9.** (Schücks Civilrechtspraktikum Seite 3.)

Der Fall ist eines der lehrreichsten Beispiele aus der Besitz- und Eigentumslehre in Verbindung mit §§ 90 fg.

Der Zopf ist ein Bestandteil des Körpers, daher, solange er sich am Körper befindet, keine Sache im Rechtssinne. (§ 93.) Es fragt sich nun, inwiefern sich durch das Abschneiden der Zöpfe die Rechtslage verändert. Dadurch werden die Zöpfe Sachen im Rechtssinne, also körperliche Gegenstände im Sinne des § 90. Wie nun die B. vor dem Abschneiden das Recht hatte, über die Zöpfe ausschließlich zu verfügen, so behält sie dieses Recht und den Willen auch, nachdem die Zöpfe zu Sachen geworden sind. Bei diesen ist aber das ausschließliche Verfügungsrecht Eigentum im Sinne des § 903. Die B. erwirbt also im Augenblick des Abschneidens der

Zöpfe Eigentum an denselben. Den Besitz an denselben hat sie allerdings verloren, denn diesen hat ihr A. nach § 831 entzogen, indem er die Zöpfe — wenigstens für kurze Zeit — an sich nahm, so daß sie nicht mehr in der Lage ist, über sie zu verfügen, wie § 854 es verlangt. Man könnte wohl auch behaupten, den Besitz an den Zöpfen habe die B. gar nicht erlangt, sondern der A. habe ihn sofort mit dem Abschneiden erlangt.

Welche Bedeutung hat es weiter, wenn A. die Zöpfe in die Gosse wirft und C. sie findet und an sich nimmt? A. beweist durch das Wegwerfen, daß ihm an dem Besitz der Zöpfe als körperlicher Sachen nichts gelegen ist und er ihn daher gleich, nachdem er ihn erlangt hat, wieder aufgeben will. C. nimmt an, die Zöpfe seien herrenlose (dereliquierte) Sachen im Sinne des § 959. Das ist nicht zu verwundern, denn beim Finden von natürlichen Zöpfen muß man jedenfalls annehmen, daß die Eigentümerin sie absichtlich weggeworfen hat. (Anders, falls die Zöpfe künstliche wären, da diese vermutlich niemand dereliquieren wird.) C. glaubt also, daß er durch Aneignung nach § 958 Eigentum an einer herrenlosen Sache erlangt hat. Dieses hat aber in Wahrheit noch die B. C. kann also nicht Eigentümer an den Zöpfen werden. Der gute Glaube nützt ihm nichts, er würde ihm auch im Falle des derivativen Erwerbs nach § 932 nur nützen, wenn ihm die Zöpfe übergeben worden wären, und selbst dann würde er hier kein Eigentum erlangen, da dann § 935 einschlagen würde und die Zöpfe als „sonst abhanden gekommene" Sachen zu gelten hätten. Die Rechtsstellung des C. ist also nur die des Besitzers, vielleicht auch bloß des sogenannten unselbständigen Inhabers. (§ 855.) Er erlangt die tatsächliche Gewalt, also den Besitz, an den Zöpfen, wie ihn auch der Finder hat, wenn er auch nicht ohne weiteres als Finder zu bezeichnen ist.

C. verkauft die Zöpfe weiter an D. und übergibt sie ihm, wie zu ergänzen ist. D. weiß nichts davon, daß C. nicht Eigentümer der Zöpfe ist, er ist also gutgläubiger Erwerber. Nach § 932 müßte D. also durch Übergabe Eigentum an den Zöpfen erwerben, obgleich C. nicht Eigentümer war. Nach § 935 erwirbt D. aber kein Eigentum an den Zöpfen, sondern nur Besitz (vielleicht auch das nicht, vergl. § 856 Abs. 2). Denn die Zöpfe fallen ohne Zweifel unter die in § 935 als „sonst abhanden gekommen" bezeichneten Sachen, wenn sie auch nicht als verlorene Sachen im Sinne dieses Paragraphen angesehn werden dürfen. Die B. bleibt also auch jetzt noch Eigentümerin der Zöpfe.

Es fragt sich nun, in welcher Weise die B. gegen A., C. und D. vorgehen kann. Das ergibt sich nach Erledigung dieser Vorfragen mit Leichtigkeit.

A. hat das Eigentum der B. vorsätzlich und widerrechtlich verletzt, indem er die Zöpfe, die, wie erörtert, durch das Abschneiden Eigentum der B. werden, in die Gosse warf, wo sie schmutzig werden. Er hat also eine Sachbeschädigung, und somit auch eine unerlaubte Handlung nach § 823 — vergl. auch § 826 — begangen, und es fragt sich nun, ob er daraus auf Schadensersatz haftet. Das B.G.B. (§§ 249 fg., insbes. § 253) versteht unter Schaden in dem hier in Betracht kommenden Sinne allein den Vermögensschaden. Einen solchen hat die B. voraussichtlich nicht erlitten (denn sie müßte dann nachweisen, daß sie die Absicht hatte, sich durch die Verwertung der Zöpfe eine Einnahme zu verschaffen). Trotzdem ist ein Anspruch der B. gegen A. denkbar auf Grund des § 847. Es fragt sich hierbei, ob das Abschneiden der Haare als eine Verletzung des Körpers im Sinne des § 847 aufzufassen ist. Der Begriff der Körperverletzung ist im Strafrecht genau festgestellt. Es liegt aber kein Grund vor, einen besonderen civilrechtlichen zu konstruieren. Im Strafrecht ist nun die Frage, ob das Abschneiden des Zopfes eine Körperverletzung im Sinne des § 223 Str.G.B. ist, sehr bestritten. Zu bejahen ist sie nach Olshausen, wenn durch das Abschneiden eine Entstellung, wenn auch nur eine vorübergehende herbeigeführt wird. Dies ist hier, da es sich um ein junges Mädchen handelt, der Fall. (Vergl. Kom. von Olshausen, Anm. 6b zu § 223 Str.G.B.) Somit haftet A. nach § 847 und hat der B. eine billige Entschädigung in Geld zu zahlen. (S. hierzu auch Binding, Grundriß, II. Teil 1. Hälfte § 168, S. 132.)

Auch strafrechtlich kann die B. gegen A. vorgehn, indem sie Bestrafung desselben nach § 223 Str.G.B. beantragt. In diesem Falle kann auf Verlangen der B. gegen A. nach § 231 Str.G.B. neben der Strafe auf eine an die B. zu erlegende Buße bis zu 6000 Mk. erkannt werden. Die Zuerkennung der Buße schließt aber nach § 231 Abs. 2 Str.G.B. die Geltendmachung weiterer Entschädigungsansprüche aus. Dieser Weg wäre vielleicht der B. am meisten zu empfehlen, da auf diese Weise der A. für sein rohes und zugleich hinterlistiges Benehmen am empfindlichsten gestraft wird und andrerseits auch die B. eine Genugtuung erhält. Nimmt man dagegen Körperverletzung nicht an, so ist das Abschneiden der Zöpfe immer noch als eine Beleidigung nach § 185 Str.G.B., und zwar als sog. tätliche Beleidigung zu betrachten. Stellt nun die B. aus § 185 Strafantrag, so kann sie allerdings die Zuerkennung einer Buße nicht mehr herbeiführen, denn diese kommt nur in den Fällen der leichtfertig üblen Nachrede des § 186 Str.G.B. und der Verleumdung des § 187 Str.G.B. in Betracht. Diese Art des Vorgehens ist daher der B. weniger zu empfehlen.

C. ist zwar nicht Eigentümer der Zöpfe geworden, er ist aber dadurch, daß er ihm nicht gehörige Sachen — wenn auch gutgläubig — an sich nahm und verkaufte, ohne rechtlichen Grund bereichert, denn er hat somit „in sonstiger Weise" auf Kosten der B. etwas erlangt. (§ 812.) Die B. kann daher von C. dessen Bereicherung, also den von D. gezahlten Kaufpreis, herausverlangen. C. kann hiervon nach § 818 Abs. 3 einen kleinen Abzug machen, da er die Zöpfe, wie der Text hervorhebt, gereinigt hat.

Gegen D. kann die B. die Eigentumsklage anstellen, denn sie ist nichtbesitzende Eigentümerin, D. aber besitzender Nichteigentümer. Die B. erlangt somit Herausgabe der Zöpfe. Da ihr diese wohl wenig Befriedigung gewähren wird, so ist auch dieses Vorgehn ihr nicht zu empfehlen.

**Anm.** Es könnte vielleicht auffallen, daß die B. ihr Eigentumsrecht nicht sofort gegenüber dem A. geltend macht, indem sie den A. verfolgt. Man könnte dadurch auf den Einwand kommen, daß sie nach dem Abschneiden der Zöpfe gar nicht mehr den Willen gehabt habe, ein Eigentumsrecht daran auszuüben, sondern sie doch derelinquiert habe. Das Verhalten der B. erklärt sich aber sehr einfach aus dem Umstande, daß sie im Augenblick des Abschneidens erschrocken und eingeschüchtert ist, so daß der Gedanke an die sofortige Wiedererlangung der Zöpfe bei ihr gar nicht aufkommt.

Über die Rechtsstellung des C., die der des Finders entspricht, vergl. Matthiaß, Band II, § 2, II b unter Nr. 3.

**Fall 10.** (Schücks Civilrechtspraktikum Seite 3.)

Nach § 94 sind die mit dem Boden zusammenhängenden Erzeugnisse eines Grundstücks dessen wesentlichen Bestandteile. Nach § 93 können solche nicht Gegenstand besonderer Rechte sein. Erst durch die Trennung werden sie zu Sachen im Rechtssinne. Wenn also A. dem B. Früchte auf dem Halme verkauft, ohne ihm zugleich das Grundstück zu verkaufen, so ist der Kaufvertrag unter der Voraussetzung (condici tacito oder juris) zustande gekommen, daß die Früchte vorher vom Boden getrennt werden. (Vergl. auch § 956.) Die Früchte sind vorläufig nur res futurae, das heißt solche, welche als Sachen im Rechtssinn (§ 90) noch nicht vorhanden sind, deren späteres Vorhandensein aber mit Sicherheit zu erwarten ist. (Vergl. Fälle 53, 54.) Da die Früchte auf dem Halm noch keine Sachen sind, so können sie auch nicht zu Besitz oder Eigentum übergeben werden. Die Möglichkeit, daß A. dem B. die Früchte hier auf Grund des Kaufvertrags nach den §§ 930, 931 bereits übergeben hat, ist also völlig ausgeschlossen. B. erwirbt durch den Kaufvertrag weiter nichts als ein persönliches Recht gegen A. auf Übergabe der Früchte nach den §§ 929 fg. oder auf Gestattung der Aneignung nach § 956.

Wenn nun der Gläubiger C. die Früchte pfändet, so liegt die Annahme nahe, daß C., da die Früchte nach § 93 nicht Gegenstand besonderer Rechte, also nicht Sachen im Rechtssinne sein können, durch die Pfändung kein Recht erlangt. (Ebenso wie B., der zwar ein Recht auf die Früchte aber kein solches an den Früchten erlangt.) Bezüglich der Früchte auf dem Halm besteht aber die ganz singuläre Vorschrift des § 810 C.P.O., wonach Früchte, die vom Boden noch nicht getrennt sind, 1 Monat vor der Reife gepfändet werden können, solange nicht ihre Beschlagnahme im Wege der Zwangsvollstreckung in das unbewegliche Vermögen erfolgt ist. Da von letzterem im Tatbestand nicht die Rede ist, so ist die von C. vorgenommene Pfändung gültig. C. erwirbt daher, wenn die Voraussetzungen des § 810 vorliegen, an den Früchten ein Pfändungspfandrecht, also ein dingliches Recht. (§ 804 C.P.O.)

Die Frage ist nun, welches Recht vorgeht, das von B. oder das von C. erlangte. Nach dem Obigen muß das Recht des C. als dingliches Recht an den Früchten dem nur persönlichen Rechte des B. auf dieselben vorgehn. B. kann daher weder als Eigentümer, noch als besser Berechtiger Freigabe der Pfänder verlangen. Denn sein Recht ist weder ein die Veräußerung hinderndes im Sinne des § 771 C.P.O., noch ein solches im Sinne des § 805 C.P.O.

Das Resultat ist also, daß B. der Pfändung der Früchte durch C. nicht widersprechen kann und C. sich auf Grund seines Pfändungspfandrechts aus denselben durch die Versteigerung (§ 824 C.P.O.) befriedigen kann. Das Rechtsverhältnis zwischen A. und B. ist dann nach den Vorschriften über die nachträgliche Unmöglichkeit der Leistung bei gegenseitigen Verträgen zu beurteilen. (Vergl. z. B. Fall 27.) Danach dürfte wohl § 325 anzuwenden und A. als schadensersatzpflichtig anzusehn sein.

B. behauptet zudem, daß C. um den Kauf gewußt habe. Daraus kann B. die Berechtigung zu seinem Verlangen auf Freigabe ebensowenig herleiten. Die Bösgläubigkeit des C. spielt hier keine Rolle. Sie würde erst in Betracht kommen, wenn die bereits vom Boden getrennten Früchte dem B. verkauft und dann von dem bösgläubigen C. gepfändet würden.

**Fall 14.** (Schücks Civilrechtspraktikum Seite 5.)

Es soll zunächst die Frage erörtert werden: Kann sich der Konditor an den Lehrer halten? Das ist erstens auf Grund eines Vertrags denkbar, es fragt sich also, ob der von den Knaben mit dem Konditor abgeschlossene Kaufvertrag dem Lehrer gegenüber wirksam ist und ihn demgemäß zur Gegenleistung verpflichtet. Es heißt im Text, daß die Knaben „für ihren Lehrer in dessen Namen" den Kuchen bestellen. Sie haben sich also als dessen Stellvertreter ausgegeben. Nach § 105 ist die Willenserklärung des A. ohne weiteres nichtig. Für B. gilt § 165. Stellvertreter können danach beschränkt Geschäftsfähige, also auch Minderjährige zwischen 7 und 21 Jahren sein, denn die Beschränkung bezieht sich nur auf eigene Angelegenheiten des Minderjährigen. (Vergl. Kom. von Rosenthal, Anm. 4 zu § 165.) Der B. ist also zur Stellvertretung befähigt und seine Erklärung ist gültig. B. schließt nun Namens des Lehrers einen Vertrag. Da er aber gar keine Vollmacht hat, so ist er als Vertreter ohne Vertretungsmacht im Sinne das § 177 zu betrachten. Die Wirksamkeit des von ihm mit dem Konditor abgeschlossenen Vertrags ist daher von der Genehmigung des Lehrers abhängig. Diese ist aber nicht erteilt, denn der Lehrer weigert sich, den Kuchen zu bezahlen und wenn er ihn verzehrt, so geschieht dies offenbar nur in der Meinung, daß er ihm wirklich geschenkt sei. Es ist somit erwiesen, daß durch die Willenserklärungen des B. und die Lieferung des Konditors ein gegenüber dem Lehrer wirksamer Vertrag nicht zustande kommt. Mithin kann sich der Konditor auf Grund eines Vertrags nicht an den Lehrer halten. Dieses Resultat entspricht auch der Billigkeit. Denn es ist Sache desjenigen, welcher mit einem sich als Vertreter Ausgebenden Geschäfte abschließt, dessen Vertretungsmacht zu prüfen. Tut er dies nicht, so trifft ihn selbst die Gefahr dafür, daß der Vertretene den Vertrag nicht genehmigt. (Vergl. Kom. vom Rosenthal, Anm. 2 zu § 164 am Schluß.)

Es soll nun weiter erörtert werden, ob der Lehrer, da er aus Vertrag nicht haftet, auf Grund einer ungerechtfertigten Bereicherung belangt werden kann. Der Lehrer hat den Kuchen verzehrt, ohne ihn zu bezahlen, er hat ihn aber in der Annahme verzehrt, daß er ihm geschenkt worden sei, daß er ihn also nicht zu bezahlen braucht, und das durfte er annehmen. Diese Gutgläubigkeit schützt ihn aber nur gegen eine Schadensersatzklage (Sachbeschädigung) auf Grund des § 823. Über die Frage aber, ob § 812 gegen den Lehrer anwendbar ist, kann man sehr zweifelhaft sein. Ich möchte sie bejahn. Allerdings wird man zugeben müssen, daß der Lehrer den Kuchen nur gegessen hat, weil er ihn für ein Geschenk hielt, aber nicht weil er ihn brauchte. Hätte er die Herkunft des Kuchens gekannt, so hätte er ihn sicherlich nicht verzehrt. Auch ist zuzugeben, daß der Lehrer bez. seine Familie dadurch, daß sie den Kuchen verzehren, schwerlich eine größere Ersparnis haben, da Kuchen nicht zu den alltäglichen Lebensmitteln gehört. Trotzdem ist aber nicht abzuleugnen, daß der Lehrer infolge des Verzehrens des Kuchens eine gewisse, wenn auch geringe Ersparnis hat, denn auch der Kuchen hat einen gewissen Nährwert. Eine Bereicherung ist also vorhanden. Wie groß freilich diese ist, das hängt von den näheren Umständen ab.

Die weitere Frage ist nunmehr die, ob sich der Konditor an einen der beiden Knaben halten kann. In Betracht kommt besonders § 823. Die Knaben handeln in der Absicht, ihren Lehrer zur Erfüllung eines Vertrags zu verpflichten, obgleich sie wissen, daß dies vermutlich g e g e n dessen Willen geschieht. Dadurch täuschen sie den Konditor, denn dieser nimmt an, daß die Knaben beauftragt sind und liefert infolgedessen den Kuchen. (§ 179 Abs. 3 liegt im Zweifel nicht vor.) Ferner erleidet der Konditor infolge dieser Täuschung eine Vermögensschädigung, denn der Vertrag bleibt infolge der Nichtgenehmigung durch den Lehrer nach § 177 unwirksam. Die Knaben handeln somit auch widerrechtlich, denn sie begehen einen Betrug (§ 123). Die Knaben haben also vorsätzlich das Eigentum des Konditors widerrechtlich verletzt. Wären sie Erwachsene, so würden sie also beide nach § 823 auf Schadensersatz haften. (Vergl. Rosenthal, Anm. 14 zu § 179.) Nach § 828 Abs. 1 haftetet aber der A. überhaupt nicht (unter Umständen könnte er nach § 829 haften) dagegen ist B. vermutlich auf Grund von § 828 Abs. 2 e contrario zu belangen. Denn höchst wahrscheinlich hat er die zur Erkenntnis der Verantwortlichkeit seiner Handlung erforderliche Einsicht gehabt. B. muß also nach § 823 dem Konditor für den Kuchen Schadensersatz leisten. Dieser richtet sich nach Art und Umfang nach §§ 249 fg. Danach hat B., da er den früheren Zustand nicht wiederherstellen kann, Geldersatz zu leisten. Zu ersetzen ist nicht nur der reine Schaden, sondern auch der entgangene Gewinn. Der Schadensersatz würde also hier in dem für den Kuchen vom Käufer zu zahlenden Kaufpreis bestehn. B. haftet auf die ganze Schadensersatzsumme nach §§ 830, 840 allein.

**Anm. 1.** § 179 Abs. 3 Satz 2 kommt nicht in Betracht. Denn wenn B. auch danach nicht haftet, so haftet er hier doch nach § 823. Bezüglich der Befriedigung des Gläubigers gegenüber dem B. gilt § 1659.

**Anm. 2.** Im Obigen ist von Betrug im Sinne des § 123 die Rede. Dieser braucht nicht unbedingt auch Betrug im Sinne des Strafrechts zu sein. Nach der herrschenden Meinung (z. B. der Bindings und des Reichsgerichts) müssen im Strafrecht Getäuschter und Geschädigter identisch sein, im Civilrecht ist dies nicht erforderlich. Im Strafrecht muß ferner die Absicht vorliegen, sich oder einem anderen einen Vermögensvorteil zu verschaffen. Auch dies ist im Civilrecht nicht nötig. Hier genügt zum Betrugsbegriff bloße Täuschung, also Erregung eines Irrtums, verbunden mit Vermögensschädigung. Im vorliegenden Fall würde, da der Konditor zugleich Getäuschter und Geschädigter ist, wohl auch die Knaben, da sie wissen, daß sie den Kuchen nicht zu bezahlen brauchen, einen Vermögensvorteil zu erlangen suchen, vielleicht auch strafrechtlich Betrug vorliegen. Doch ist dieser hier nicht strafbar, da die in § 57 Str.G.B. vorausgesetzte Strafmündigkeit bei keinem der beiden Knaben vorhanden ist.

**Fall 15.** (Schücks Civilrechtspraktikum Seite 5.)

Nach § 108 genügt es für die Wirksamkeit des Vertrags, wenn der gesetzliche Vertreter seine Genehmigung zu dessen Abschluß dem Minderjährigen erklärt hat. Fordert aber der Gegner, um sich Gewißheit zu verschaffen, den Vertreter noch besonders zur Erklärung der Genehmigung auf, so hat das nach § 108 Abs. 2 die eigentümliche Wirkung, daß der Vertrag im Falle der Nichtgenehmigung unwirksam ist. (Vergl. Rosenthal, Anm. 12 zu § 108.) Wenn also X. hier die Genehmigung verweigert, so wird dadurch die vorher dem A. gegenüber gegebene Genehmigung unwirksam. Ebenso wird die Übergabe unwirksam. Das Eigentum am Pferde fällt an B. zurück und dieser trägt den Zufall (casum sentit dominus). A. braucht daher den Kaufpreis nicht zu bezahlen.

Erklärt sich X. bis zum 21. April nicht, so gilt die Genehmigung nach § 108 Abs. 2 Satz 2 als verweigert. Das Resultat bleibt also dasselbe.

Wie steht es u. s. w. Wie schon angedeutet, müßte A. in diesem Falle den Kaufpreis bezahlen.

**Fall 17.** (Schücks Civilrechtspraktikum Seite 5.)

Der Vater A. hat seinem Sohne B. gegenüber eine Willenserklärung doppelten Inhalts abgegeben. Erstens soll derselbe Schulbücher kaufen und zweitens soll er sie von dem ihm zu diesem Zweck übergebenen Gelde bezahlen. Der Kaufvertrag ist also gültig nach den §§ 107 fg., denn er ist mit Einwilligung des Vaters abgeschlossen. B. hat aber nicht, wie ihm aufgetragen worden war, sofort bar bezahlt, sondern erst später von dem Gelde, welches er zum Ankauf von Schulbüchern erhalten hatte. Es fragt sich daher ob das in dieser Zahlung liegende Rechtsgeschäft gültig ist. Ich möchte die Frage bejahn. § 110 liegt allerdings nicht vor, denn der B. hat die Leistung gerade mit Mitteln bewirkt, die ihm zu einem anderen

Zwecke zur Verfügung gestellt sind. Man wird also die vorherige oder nachträgliche Zustimmung (Einwilligung — Genehmigung) des A. zur Bezahlung mit dem später gegebenen Gelde für erforderlich halten müssen. Von der Entscheidung der Frage, ob man diese Zustimmung als gegeben zu betrachten hat, hängt die Entscheidung des Ganzen ab. Ich bejahe die Frage. Wenn A. einmal seine Einwilligung zum Kauf gibt, so weiß er, daß der Kaufpreis unter allen Umständen bezahlt werden muß. (§ 433.) Er muß und will daher auch dafür einstehn, daß sein Sohn auch wirklich bezahlt. Andernfalls konnte er ja das Geschäft selbst erledigen. Daß die Zahlung mit dem speziell zu diesem Zwecke dem B. überlassenen Gelde und sofort geschieht, ist zwar der Wunsch des A., dies ist ihm vielleicht sogar im Interesse seines Rufs von Wichtigkeit, dasselbe Interesse erfordert aber andrerseits, daß die Zahlung, wenn sie nicht sofort geschehn ist, wenigstens nachträglich erfolgt. In diesem Sinne fasse ich die Willenserklärung des A. auf (§§ 133, 157). A. muß es also auf sich nehmen, daß aus dem Barkauf wider seinen Willen ein Kreditkauf geworden ist.

Die gegenteilige Meinung — also die, daß der Vater weder seine Einwilligung, noch seine Genehmigung zur späteren Zahlung gegeben hat, ist durchaus anzuerkennen. Aus den näheren Umständen, die hier nicht bezeichnet sind, würde sich vielleicht ergeben, daß sie empfehlenswert ist. Die Ansicht würde sich nach dem Gesagten eben vor allem darauf stützen, daß A. nur einen Barkauf zulassen will, nicht aber einen Kreditkauf.

Die Klage des A. ist die Bereicherungsklage nach den §§ 812 fg. Selbst wenn man ihm aber eine solche zuerkennen wollte, so wäre doch der Buchhändler nicht um 10 Mk. bereichert, sondern da ja A. zu einer Rückgabe der Bücher nicht bereit zu sein scheint (wenigstens sagt der Text nichts davon), nur um die Differenz des Einkaufs- und Verkaufspreises. Die Bereicherungsklage könnte also höchstens auf diese Differenz gehn. Gibt A. die Bücher heraus, so geht sie natürlich auf den vollen Kaufpreis von 10 Mk.

Anm. Es sei noch darauf hingewiesen, daß nach dem Texte der Vater selbst zurückfordert, während man doch primo loco seinen Sohn vertreten durch seinen Vater als Kläger betrachten müßte. Es kann sein, daß der Text dies voraussetzt und, da die Frage hier nebensächlich sein soll, sich nur einer kurzen Ausdrucksweise bedient. Vielleicht klagt aber A. wirklich in eigenem Namen. Das wäre auch gar nicht unkorrekt. Denn das Geld, welches B. vom Vater erhält, bleibt meines Erachtens Eigentum des Vaters und dieser ist daher auch zur Rückforderung berechtigt.

**Fall 18.** (Schücks Civilrechtspraktikum Seite 6.)

Das Taschengeld ist nach § 110 ein Beitrag zur Unterhaltung, den der gesetzliche Vertreter dem Minderjährigen zu freier Verfügung übergibt.

Der Sohn des A. hat nun vom Taschengeld das gekaufte Buch bezahlt. Wenn aus diesem Vertrage Rechte geltend gemacht werden sollen, so ist es das Normale, daß der Sohn des A. selbst — im Prozesse vertreten durch seinen Vater — dies tut, A. will aber nach dem Texte den Vertrag selbst rückgängig machen. Ein solches Recht wird sich nicht begründen lassen. Zunächst könnte A. vielleicht behaupten, er wolle die erteilte Genehmigung widerrufen. Nach § 108 sei daher das Geschäft zwischen dem Verkäufer und seinem Sohne mangels seiner Genehmigung nichtig und er könne wie jeder interessierte Dritte diese Nichtigkeit geltend machen. Dagegen wird man sagen müssen, daß ein Interesse an der Nichtigkeit für den A. nicht vorliegt.

A. könnte seine Aktivlegitimation ferner mit der Behauptung begründen, daß er dem Sohne das Eigentum an dem Taschengeld von vorn herein nur insoweit übertragen habe, als er damit nützliche Sachen anschaffe, woraus folge, daß andernfalls zu den Anschaffungen seine Genehmigung nötig sei, die er nun verweigere. Auch dies widerspricht dem Sinne des § 110, wonach das Taschengeld zu freier Verfügung überlassen ist. Wer seinem Sohne nicht insoweit vertrauen kann, daß er das Taschengeld nützlich verwendet, mag ihm keines geben, der Verkehr darf dadurch nicht geschädigt werden.

Endlich könnte A. die Klage so zu begründen suchen: In dem fraglichen Buch wird ein freisinniger Standpunkt vertreten. Dadurch werden die sittlichen Anschauungen des Minderjährigen ungünstig beeinflußt. Das Geschäft ist daher nach § 138 nichtig. A. als Vater hat nach §§ 1627 fg. die Pflicht, diese Nichtigkeit geltend zu machen. Aber auch dieser Standpunkt läßt sich nicht halten. Denn die Verschiedenheit der religiösen oder politischen Richtung hat im allgemeinen nicht eine Verschiedenheit der sittlichen Anschauung zur Folge. Die wahre Sittlichkeit erkennen diese Richtungen vielmehr trotz mancher Irrtümer alle an. Deshalb ist an § 138 hier nicht zu denken.

Somit ist A. mit seiner Klage abzuweisen.

**Fall 21.** (Schücks Civilrechtspraktikum Seite 6.)

Der Vertrag zwischen dem Intendanten und der Schauspielerin A. ist ein Dienstvertrag im Sinne der §§ 611 fg. Angenommen, der Vormund hätte der A. ausdrücklich die Erlaubnis erteilt, diesen Dienstvertrag einzugehn, so wäre diese Erlaubnis nicht genügend, denn nach § 1822 Ziffer 7 bedarf schon der Vormund selbst zum Abschluß des Vertrags der Genehmigung des Vormundschaftsgerichts. Dieser bedarf er nämlich zu einem auf die Eingehung eines Dienst- oder Arbeitsverhältnisses gerichteten Vertrags, wenn der Mündel zu persönlichen Leistungen für längere Zeit als 1 Jahr verpflichtet wird. Letzteres ist nun hier der Fall, denn der Vertrag zwischen dem Intendanten und der A. ist auf 3 Jahre abgeschlossen worden. Nach § 1829 wäre also der Vertrag mangels der Genehmigung des Vormundschaftsgerichts schon dann unwirksam, wenn ihn der Vormund selbst abgeschlossen hätte. Umsomehr ist er unwirksam, wenn ihn das Mündel abschließt. Die hier sehr naheliegende Frage, ob die vom Vormunde der A. erteilte Erlaubnis, sich dem Schauspielerberufe zu widmen, die Ermächtigung zum Abschluß des Dienstvertrags mit dem Intendanten mit umfaßt, also die Frage, ob § 113 anwendbar ist, kam somit nach den genannten Gesetzesstellen in Verbindung mit § 113 Abs. 1 Satz 2 zunächst nicht in Betracht, da diese Erlaubnis des Vormundes eben wegen der Vereinbarung dreijähriger Dauer des Vertrags bedeutungslos ist. Diese Frage wird aber doch von Wichtigkeit, weil zu erörtern ist, ob dem Intendanten der § 139 zu Statten kommt. Nimmt man nämlich an, daß die A. schon vor Ablauf des ersten Vertragsjahres den Vertrag bricht, so liegt zu Gunsten des Intendanten der Schluß nahe, daß der Vertrag nach den genannten Gesetzesstellen verbunden mit § 139 doch wenigstens auf ein Jahr Gültigkeit hat, wenn er auch auf die die Dauer eines Jahres übersteigende Zeit nichtig ist, und daß daher die A. in diesem Falle die Konventionalstrafe zahlen müßte. Die Erörterung dieser Frage wird aber überflüssig, wenn man zu dem Resultat gelangt, daß § 113 Abs. 1 Satz 1 nicht anwendbar ist, denn dann würde doch auch zu dem einjährigen Vertrag eine ausdrückliche Ermächtigung des Vormunds nötig sein. Ich bin der Ansicht, daß die Erlaubnis, sich dem Schauspielerberufe zu widmen, durchaus noch nicht die Ermächtigung umfaßt, in Dienst zu treten. Wer sich dem Schauspielerberufe widmet, muß, bevor er öffentlich auftritt, lernen. Für die hierzu nötigen Verträge mag die A. unbeschränkt geschäftsfähig sein, soweit nicht wiederum § 113 Abs. 1 Satz 2 eingreift. Dagegen enthält ein Engagementsvertrag eine so weitgehende und von den bisherigen so sehr abweichende Verpflichtung, daß ich die ausdrückliche Ermächtigung des Vormunds hierfür unbedingt für notwendig halte. Das mußte auch der Intendant von selbst wissen. Zu bedenken ist dabei auch die ratio legis. Diese geht im § 113 auf Vereinfachung des Verkehrs und Entlastung des gesetzlichen Vertreters, z. B. bei dem häufigen Stellenwechsel der Dienstboten u. s. w. Dieses Bedürfnis liegt hier nicht vor. Somit ist von der Anwendung des § 113 abzusehn. Ist aber § 113 Abs. 1 Satz 1 nicht anwendbar, so ist es auch § 139 nicht, und der Engagementsvertrag ist vollständig unwirksam.

Übrigens würde ich selbst in der Annahme, daß § 113 einschlägt, nicht der Meinung sein, daß dem Intendanten § 139 zu statten kommt.

Die Behauptungen des Klägers sind daher teils unrichtig, teils bedeutungslos, und er ist hiernach mit der Klage auf Zahlung der Konventionalstrafe abzuweisen.

**Fall 23.** (Schücks Civilrechtspraktikum Seite 7.)

1. Die Worte des B. „Prächtiges Pferd, aber mir lassen Sie es für 500 M." bedeuten gegenüber dem A. eine Offerte zum Abschluß eines Kaufvertrags. Dem Ausdrucke nach könnte man annehmen, daß schon diese Offerte des B. nicht ernstlich gemeint ist. Aus den Umständen ergibt sich aber, daß A. dieselbe sehr wohl ernst gemeint hat, denn sonst würde er nicht klagen.

A. dagegen meint seine Annahmeerklärung offenbar nicht ernstlich, da er in seinem Innern denkt, er werde sich hüten, dem B. das zehnmal soviel werte Pferd für 500 M. zu verkaufen. Also gibt A. die Erklärung der Annahme in der Erwartung ab, der Mangel der Ernstlichkeit werde von B. nicht verkannt werden. Der zwischen A. und B. abgeschlossene Kaufvertrag ist daher auf Grund des § 118 als nichtig anzusehn. B. kann also den A. nicht auf Übergabe des Pferdes belangen. Es fragt sich weiter, ob A. infolge der Nichtigkeit des Vertrags dem B. nach § 122 schadensersatzpflichtig wird. Dies ist er nach § 122 Abs. 2 nicht, wenn B. den Mangel der Ernstlichkeit kannte oder infolge von Fahrlässigkeit nicht kannte, ihn also kennen mußte. B. ist Sportsmann, er kennt also zweifellos den wahren Wert des Pferdes. Mindestens ist es also fahrlässig, wenn er den Vertrag ohne weiteres für ernst hält. Unter diesen Umständen mußte er sich, wenn er überhaupt im Zweifel war, darüber vergewissern, wie A. zu dem außergewöhnlich billigen Angebote kam. B. kann also von A., falls er dadurch, daß er auf die Gültigkeit des Vertrags vertraute, einen Schaden erlitten haben sollte, (was sehr unwahrscheinlich ist) keinen Schadensersatz verlangen.

2. Hier liegt die Sache anders. Die Offerte des Käufers ist auch

hier ernst gemeint. A. gibt aber seine Erklärung nicht in der Erwartung ab, der Mangel der Ernstlichkeit werde nicht verkannt werden, denn D. ist vermutlich nicht, wie es von B. ausdrücklich hervorgehoben wird, ein Sportsmann. Daher brauchte D. den Scherz, falls ein solcher vorliegt, auch nicht zu erkennen. Die Erklärung des A. ist also hier keine im Sinne des § 118, sondern sie stellt sich als ein geheimer Vorbehalt (reservatio mentalis) im Sinne des § 116 dar. Die Willenserklärung wäre also gültig, wenn nicht § 116 Satz 2 vorläge. Denn D. kennt den Vorbehalt, da er ihm von C. mitgeteilt worden ist, wenigstens muß D. annehmen, daß A. gegen ihn in derselben Weise vorgehen wird, wie gegen B. Die Annahmeerklärung des A. und somit der Kaufvertrag sind daher auch hier nichtig, aber nicht auf Grund von § 118, sondern auf Grund von § 116. Eine Schadensersatzpflicht tritt hier nach § 122 (e contrario) nicht ein.

Anm. Im Text befindet sich ein Druckfehler. Auf der 7. Zeile muß es B. anstatt A. heißen (denn B. ist der Käufer).

**Fall 24.** (Schücks Civilrechtspraktikum Seite 7.)

Es liegt nahe, die vorliegenden Willenserklärungen wegen Scheins (§ 117) als nichtig zu bezeichnen. Die Sachlage spricht aber dafür, daß die Parteien wirklich einen gültigen Vertrag abschließen wollen und demgemäß auch A. das Eigentum an den Möbeln auf B. übertragen will. Diese Übertragung kommt auch durch formlose Vereinbarung im Sinne des § 930 gültig zustande. Wenn daher C., ein Gläubiger des A., die Möbel pfändet und B. die Interventionsklage des § 771 C.P.O. anstellt, so kann sich C. dieser gegenüber nicht auf § 117 und überhaupt schwerlich auf B.G.B. berufen. Trotzdem schlägt die Klage aus § 771 C.P.O. nicht durch. Denn der Vertrag ist nach § 3 Ziffer 1 des Anfechtungsgesetzes vom 21. 7. 1879 anfechtbar. (§ 288 Str.G.B.) Diese Paulianische Anfechtung kann auch der Klage aus § 771 C.P.O. gegenüber geltend gemacht werden. (§ 7 Anf.Ges.) Die Vorschützung der Einrede führt hier mit Sicherheit zur Klagabweisung. Das Einverständnis des B. ist wichtig, weil § 3 Ziffer 1 des Anfechtungsgesetzes „die dem anderen Teile bekannte" Benachteiligungsabsicht verlangt.

Nimmt man an, daß die zwischen A. und B. abgeschlossenen Rechtsgeschäfte Scheingeschäfte im Sinne des § 117 und deshalb als nichtig anzusehn sind, so fragt sich dann weiter, ob auch bei der auf Grund des Kaufs erfolgten Eigentumsübertragung ein Scheingeschäft vorliegt. Bejaht man dies, so entsteht die Schwierigkeit, daß man diese nicht ohne weiteres als nichtig bezeichnen kann, weil § 117 nur von Willenserklärungen spricht, diese Übertragung aber keine solche, sondern eine Handlung ist. Die Übertragung des Eigentums hat aber zwei Bestandteile, nämlich die Einigung der Parteien darüber, daß Eigentum übergehen soll und die Besitzübergabe. (Hier handelt es sich nur um den mittelbaren Besitz.) Diese Einigung enthält Willenserklärungen, die nach der herrschenden Meinung zu einem Vertrag führen. Diese können aber nach § 117 nichtig sein, und so ist es auch hier der Fall. Man wird also, wenn man genau gehen will, nicht sagen dürfen, daß die Eigentumsübertragung nichtig sei, sondern die in derselben enthaltene Einigung. (Vergl. Fall 28.)

**Fall 25.** (Schücks Civilrechtspraktikum Seite 7.)

Zwischen A. und B. liegt ein rechtsgültiger Kauf vor, denn die Parteien sind einig über Ware und Preis. Sie sind nämlich einig darüber, daß der Kaufpreis 200 M. betragen soll. Soweit mehr verabredet wird, geschieht dies nur zum Schein. Insoweit sind also die Erklärungen der Parteien nach § 117 Abs. 1 nichtig. Wenn daher A. die Kaufpreisforderung an C. abtritt, so ist diese Abtretung gegenstandslos, soweit die abgetretene Forderung die Summe von 200 M. übersteigt, also in Höhe von 300 M., denn insoweit wird nichts abgetreten. C. würde danach, obwohl er glaubt, eine Forderung von 500 M. zu erwerben, nur eine solche von 200 M. erlangen. C. ist nun aber ein gutgläubiger Dritter, der geschützt werden muß. Es geschieht dies nach den allgemeinen Vorschriften zu Gunsten redlicher Dritter, die im Vertrauen auf die Gültigkeit eines Rechtsgeschäfts ein Recht eingeräumt erhalten haben (vergl. Rosenthal, Anm. 4 zu § 117, drittletzter Satz). Demnach wäre der Erwerb des C. nach Analogie der Vorschriften der §§ 932 fg. zu beurteilen. C. hat von einem Nichtberechtigten, dem A., eine Forderung von 500 M. erworben und kann sie daher auch gegen B. einklagen. B. kann nicht einwenden, daß er nur 200 M. schulde. Diese Entscheidung ist naheliegend, aber falsch. Denn bezüglich der Abtretung gelten, obwohl sie ebenfalls eine Veräußerung ist, besondere Grundsätze (vergl. Rosenthal, Anm. 4 zu § 117 am Schluß). Aus § 405 folgt nämlich, daß der Einwand des Scheins gegenüber dem gutgläubigen Cessionar nur dann ausgeschlossen ist, wenn über die Forderung eine Urkunde ausgestellt worden ist und die Forderung unter Vorlegung derselben abgetreten worden ist. Ob dies hier der Fall ist, sagt der Text nicht. Wenn es der Fall ist, so dringt C. allerdings mit seiner Klage gegen B. auf Zahlung der 500 M. durch, denn B. kann dann bezüglich der 300 M. nicht den Einwand des Scheins erheben. Dagegen wird C. mit der Klage, soweit mehr als 200 M. gefordert werden, abgewiesen, falls der Vertrag zwischen A. und B. nur mündlich geschlossen war.

**Fall 27.** (Schücks Civilrechtspraktikum Seite 7.)

Der zwischen A. und B. über das Pferd des A. abgeschlossene Kaufvertrag ist nach § 118 nichtig. Denn A. hat seinen Antrag nicht ernstlich gemeint, sondern ihn nur zum Scherz gestellt und zwar in der Erwartung, der Mangel der Ernstlichkeit werde nicht verkannt werden.

Zwischen B. und C. ist noch vor Übergabe des Pferdes seitens des A. an B. ein weiterer Kaufvertrag über das Pferd das A. abgeschlossen worden. Dieser ist gültig, denn man kann eine fremde Sache verkaufen.

Die zu unterscheidenden Fälle sind nun folgende:

1. C. klagt gegen B. oder A. auf Übergabe des Pferdes. Die Klage des C. gegen A. ist erfolglos, denn A. steht mit C. in keinem Rechtsverhältnis. C. ist also nicht aktiv legitimiert. A. kann daher gegenüber C. die Übergabe des Pferdes verweigern.

Die Klage des C. gegen B. ist ebenfalls erfolglos. Zwar ist der Kaufvertrag zwischen B. und C., wie gesagt, gültig und der Käufer gemäß § 433 berechtigt, die Übergabe zu fordern, der Kaufvertrag zwischen A. und B. ist aber nichtig und dem B. ist daher die Leistung an C. unmöglich. C. kann somit von B. höchstens Schadensersatz verlangen. (§ 325, s. u.)

2. B. klagt gegen A. auf Übergabe des Pferdes. Daß dies erfolglos ist, ist schon aus dem Obigen ersichtlich, denn wenn der Vertrag zwischen A. und B. nichtig ist, so entsteht keine Leistungspflicht des A. Ebensowenig wie an sich selbst kann natürlich B. die Übergabe an C. verlangen.

Ist A. schadensersatzpflichtig?

1. Ist A. dem B. schadensersatzpflichtig? Nach § 122 Abs. 2 ist dies zu bejahn. Denn da B. kein Sportsmann ist, so braucht er nicht den wahren Wert des Pferdes zu kennen. Natürlich tritt die Schadensersatzpflicht des A. nur ein, wenn dem B. ein Schaden entstanden ist.

2. Ist A. dem C. schadensersatzpflichtig? Dies ist zu verneinen, denn A. steht mit C., wie schon gesagt, in keiner Verbindung. (S. auch § 122 Abs. 1.)

Die Frage, ob dem B. wirklich ein Schaden entstanden ist, wird von der weiteren Frage abhängen, ob dem C. ein solcher entstanden ist und ob

C. diesen Schadensersatzanspruch gegen B. geltend macht, wofür dann B. gegen A. Regreß nehmen könnte. Dem B. ist, wie erwähnt, die Leistung an C. unmöglich. Die Theorie unterscheidet auf Grund des B.G.B. objektive und subjektive, und unter diesen wieder ursprüngliche und nachträgliche Unmöglichkeit der Leistung. Die objektive nachträgliche Unmöglichkeit behandeln die §§ 275 Abs. 1, 323, 324, die subjektive nachträgliche die §§ 275 Abs. 2, 279, 325, die objektive ursprüngliche die §§ 306, 307, 308. Dabei ist zu bemerken, daß das B.G.B. nur die objektive Unmöglichkeit mit dem Ausdruck „Unmöglichkeit" bezeichnet, die subjektive nennt es Unvermögen des Schuldners zur Leistung. Meines Erachtens liegt hier ein Fall der nachträglich eingetretenen subjektiven Unmöglichkeit vor. B. hat daher nach § 325 dem C. Schadensersatz zu leisten. (Siehe hierzu die hieher gehörigen Fälle im II. Teil.) Die theoretische Einteilung ist übrigens in späteren Fällen nicht weiter berücksichtigt worden.

**Fall 28.** (Schücks Civilrechtspraktikum Seite 8.)

Der Fall behandelt die Irrtumsgrundsätze. Der zwischen A. und B. abgeschlossene Kaufvertrag ist vollendet, denn die Parteien haben sich über Ware und Preis geeinigt. (§ 433.) Dagegen irrt sich A. indem er das Pferd auf Grund des Vertrags dem B. übergeben will und übergibt es dem C. C. erwirbt zwar an dem Pferde Eigentum, denn die wesentlichen Erfordernisse der Eigentumsübertragung, nämlich der Wille zur Übertragung und zur Annahme verbunden mit Besitzübergabe liegen vor. Indessen hätte A. bei Kenntnis der Sachlage die Übertragung nicht vorgenommen. A. kann also die Eigentumsübertragung wegen Irrtums im Sinne des § 119 anfechten. Hierbei entsteht aber das Bedenken, daß es sich in § 119 nur um die Anfechtung von Willenserklärungen handelt, die Übertragung des Eigentums aber keine Willenserklärung ist. Demgegenüber kommt hier das in Fall 24 Gesagte zur Anwendung. Man wird also richtiger sagen, daß A. die in der Übertragung enthaltene Einigung anfechten kann. Dadurch fällt das Eigentum an dem Pferde nach § 142 wieder an A. zurück und er kann es sodann nach Wiedererlangung des Besitzes dem B. als dem wirklich Berechtigten übergeben. Falls C. das Pferd auf Grund der Anfechtung nicht herausgibt, so gewinnt also die Klage des A. den Charakter des Eigentumsklage.

Außerdem ist C., wie ohne weiteres einleuchtet, durch die irrtümliche Übergabe des Pferdes bereichert. A. kann daher gegen ihn auf Grund des § 812 vorgehn.

Die Anfechtung der in der Eigentumsübertragung enthaltenen Einigung ist der bloßen condictio in mancher Hinsicht vorzuziehn. Der Kondiktionsgläubiger ist im Konkurse Konkursgläubiger (K.O. § 61 Z. 6), ist also nur berechtigt auf dividendenmäßige Befriedigung. (§ 26 K.O.) Hat A. dagegen angefochten — es muß dies allerdings vor der Konkurseröffnung geschehn sein — so ist A. als Eigentümer des Pferdes aussonderungsberechtigt (§ 43 K.O.), erhält also sein Pferd, nicht nur einen vielleicht geringen Teil des Wertes desselben.

**Fall 30.** (Schücks Civilrechtspraktikum Seite 8.)

Der vorliegende Kaufvertrag ist ohne Zweifel perfekt, denn die Parteien sind über Ware und Preis einig. Die Frage ist, ob § 119 anwendbar ist. Ohne Zweifel sind die Parteien über eine wesentliche Eigenschaft des verkauften Loses im Irrtum und zwar beide, sowohl der A. wie der B. Denn die Haupteigenschaft des zu verkaufenden Loses ist ja gerade die, daß es nur eine Hoffnung auf Gewinn gewährt, nicht aber diesen selbst. § 119 liegt also vor. Wenn nun B. von A. den auf das Los entfallenen Gewinn verlangt, so ficht er damit das Rechtsgeschäft an und erreicht nach § 142, daß es als von Anfang an nichtig zu betrachten ist. Das Eigentum an dem Lose fällt daher an den B. zurück, und B. ist als Eigentümer desselben von Anfang an anzusehn und somit auch als Gewinner. A. hat nun bereits den Gewinn von 1000 M. für sich eingezogen. Er muß ihn daher dem B. unter Abzug des von ihm für das Los gezahlten Preises von 5 M., also in Höhe von 995 M. herausgeben.

**Fall 32.** (Schücks Civilrechtspraktikum Seite 8.)

Der Fall behandelt den sogenannten unechten Irrtum des § 155.

Zunächst ist festzustellen, daß das telephonische Gespräch ohne Zweifel für den A. die Grundlage seiner Bestellung bildet, auch wenn er nicht nochmals auf dasselbe hinweist oder einen Preis angibt. Wenn daher A. bei dem telephonischen Gespräch statt 200 M. 100 M. versteht, so hat das dieselbe Bedeutung, wie wenn dies beim nachfolgenden Vertragsschluß der Fall gewesen wäre. (Ich nehme ohne weiteres an, daß das telephonische Gespräch nur eine Erkundigung, nicht aber einen Vertragsantrag im Sinne der §§ 145 fg. enthält.) Es liegt nun bei dem am 25. Juni erfolgenden Vertragsschlusse ein Mißverständnis der Parteien bezüglich des Preises vor. B. glaubt, er habe 200 M. gesagt und verabredet, A. glaubt 100 M. gehört und verabredet zu haben. Es fragt sich, welche rechtlichen Grundsätze bezüglich der Gültigkeit dieses Vertrags Anwendung finden. Es liegt sehr nahe, hier die Irrtumsgrundsätze anzuwenden. Es liegt aber hier der Fall vor, daß Wille und Erklärung auf Seiten eines jeden der Vertragschließenden übereinstimmen, die beiderseitigen Willenserklärungen aber sich infolge eines Mißverständnisses nicht decken, ohne daß die Vertragsschließenden sich dessen bewußt werden. (Savigny sprach in diesem Falle von einem unechten Irrtum. Dieser ist in Wahrheit Dissens. Vergl. Kuhlenbeck, Anm. zu § 155.) Die Parteien haben sich also über einen Punkt des Vertrags — über den Preis — nur zu einigen gesucht, sich aber in Wahrheit nicht geeinigt. Hierauf findet § 155 Anwendung. Danach gilt in diesem Falle das Vereinbarte, sofern anzunehmen ist, daß der Vertrag auch ohne eine Bestimmung über den fraglichen Punkt geschlossen sein würde. Das ist hier anzunehmen. Die Parteien beweisen diese Absicht, indem sie jetzt nicht Auflösung des Vertrags, sondern Erfüllung herbeiführen wollen. Daher gilt hier insbesondere das über Umfang und Beschaffenheit der Ware Vereinbarte. Die weitere Frage ist aber, wieviel dem Verkäufer als Kaufpreis zuzuerkennen ist, ob der Preis von 100 M., 200 M., oder das Angemessene. Man hat hier den für Verträge insbesondere geltenden § 316 anzuwenden. Die Parteien haben zwar versucht, den Umfang der für Lieferung der Schieferplatten versprochenen Gegenleistung zu bestimmen, es ist aber keine Einigung erfolgt, und es ist daher dieser Umfang in Wahrheit unbestimmt. (§ 316 geht wohl in erster Linie auf den Fall, daß diese Bestimmung durch Vertrag dem Verpflichteten überlassen wird, ohne daß ein Mißverständnis in Frage kommt.) Es steht somit die Bestimmung im Zweifel dem zu, der die Gegenleistung zu fordern hat, also dem B. B. hat bei dieser Bestimmung den angemessenen Preis festzusetzen. Tut er dies nicht, so hat der Richter denselben festzusetzen. (§ 315.) Was hier angemessen ist, würde natürlich der Richter schwerlich aus eigner Wissenschaft feststellen können, sondern nur auf Grund von Sachverständigengutachten. A. wird sich sonach nicht darauf stützen können, daß er 100 M. verstanden habe, sondern nur darauf, daß 100 M. angemessen sind. B. wird andrerseits den Preis von 200 M. nur dann fordern können, falls er beweist, daß derselbe angemessen ist. (Über diesen, sowie über Fall 33 läßt sich sehr streiten.)

**Fall 33.** (Schücks Civilrechtspraktikum Seite 9.)

Wenn der Wirt in seinem Restaurant eine Speisekarte auslegt, auf welcher die Preise der einzelnen Speisen angegeben sind, so ist das gegenüber dem Gaste noch kein Antrag zum Abschluß eines Vertrags im Sinne der §§ 145 fg., sondern nur eine Aufforderung zur Stellung eines solchen, das heißt, wenn der Gast nunmehr nach der Karte bestellt, so ist der Vertrag noch nicht abgeschlossen, sondern erst dadurch, daß sich der Wirt — bez. der Kellner als Bevollmächtigter des Wirts — bereit erklären, das Bestellte zu liefern.

Hier hat nun der Gast bestellt, und der Kellner hat sich in Stellvertretung des Wirts für diesen zur Lieferung des Schnitzels bereit erklärt und dasselbe auch geliefert. Darüber sind die Parteien also einig, daß ein Schnitzel geliefert werden soll. Dagegen glaubt der Wirt, daß er bezüglich des Preises 1 M. 75 Pf. festgesetzt hat, während es in Wahrheit nur 1 M. 25 Pf. sind. Der Gast andrerseits glaubt, der Wirt wolle wirklich mit ihm den Preis von 1 M. 25 Pf. vereinbaren, da es ja auf der Speisekarte steht, und bestellt in dieser Meinung. Es fragt sich, welche rechtlichen Grundsätze in diesem Falle zur Geltung kommen. Es liegt hier nahe, die Irrtumsgrundsätze anzuwenden und zu sagen, daß die Parteien über den Inhalt ihrer Erklärungen im Irrtum sind und der Vertrag daher nach § 119 anfechtbar ist. Dies ist aber nicht richtig. Es liegt nicht Irrtum, sondern Dissens vor. (Eine Anfechtung wegen Irrtums hätte schon deshalb keinen Zweck, weil dadurch der Vertrag rückgängig gemacht wird, was hier, nachdem das Schnitzel bereits gegessen und bezahlt ist, für die Parteien kein Interesse hätte.) Man hat vielmehr den Fall unter § 155 zu bringen. Die Parteien haben sich bei einem Vertrag, den sie als geschlossen ansehen, über einen Punkt, über den nach der Vereinbarung derselben eine Verabredung getroffen werden sollte — nämlich über den Preis — in Wahrheit nicht geeinigt. Der Wille der Parteien geht aber dahin, daß der Vertrag auch ohne eine Bestimmung über diesen Punkt geschlossen sein soll. Dieser Wille geht deutlich daraus hervor, daß der Gast den Teil des Preises, den er für vereinbart hält, freiwillig zahlt und der Wirt diese Zahlung annimmt. Demnach ist der Vertrag perfekt und es besteht nur Dissens über den Preis. Es fragt sich nun, ob der Wirt zu seiner Mehrforderung von 50 Pf. berechtigt ist. Hier ist § 316 anwendbar. Der Umfang der für das Schnitzel versprochene Gegenleistung ist nicht bestimmt. Die Bestimmung steht daher nach § 316 im Zweifel dem zu, der die Gegenleistung zu fordern hat, also dem Wirt. Dieser hat den Preis, da er nicht vereinbart ist, nach billigem Ermessen festzusetzen. In einem mittleren Restaurant Deutschlands, welches hier vorauszusetzen ist, ist aber der Preis von 1. M. 25 Pf. für ein Schnitzel bereits ein angemessener, vielleicht sogar schon über das Durchschnittsmaß hinausgehender (75 Pf. 1 M.) demgemäß ist der Wirt nicht berechtigt, in Ermangelung einer Vereinbarung 1 M. 75 Pf. für das Schnitzel zu fordern, sondern höchstens die schon gezahlten 1 M. 25 Pf. Natürlich ist bezüglich der Größe, Zutaten u. s. w. des Schnitzels auch wieder das Normale anzunehmen, und müßte sich die Entscheidung andernfalls ändern. Der Wirt ist also mit seiner Klage auf die 50 Pf. kostenpflichtig abzuweisen. (Vergl. Fall 156 und einen ähnlichen Fall in Iherings Civilrechtsfällen, Fall 76 am Schluß.)

**Fall 35.** (Schücks Civilrechtspraktikum Seite 9.)

Wenn B. dem A. für 5000 Stück Zigarren 500 M. bietet, so ist das ein Angebot zum Abschluß eines Kaufvertrags. A. liest versehnlich 3000 Stück statt 5000 Stück und erklärt kurzweg die Annahme. (Ohne also die Zahl 3000 besonders hervorzuheben, wodurch sich das Versehn herausgestellt hätte.) A. befindet sich dabei offenbar im Irrtum über den Inhalt seiner Willenserklärung, denn das Angebot des B. lautet auf 5000 Stück, A. dagegen nimmt versehentlich an, daß es auf 3000 Stück laute. Es herrscht also Einverständnis über Ware und Preis, es liegt aber bei A. ein Irrtum vor, nämlich ein Irrtum über die Menge der Zigarren. A. befindet sich nun zwar über den Inhalt seiner Erklärung im Irrtum, es ist aber anzunehmen, daß er bei Kenntnis der Sachlage und bei verständiger Würdigung des Falls die Erklärung der Annahme auch dann abgegeben haben würde, wenn er richtig 5000 Stück gelesen hätte, denn, wie der Text sagt, will A. die 5000 Stück Zigarren um jeden Preis verkaufen, also hätte er ein Angebot über 5000 Stück, sogar viel lieber, als ein solches über 3000 Stück angenommen. Ob er jetzt noch diesen Willen hat, ist gleichgültig. Die Erklärung des A. ist also nicht anfechtbar.

**Anm. 1.** Eck entscheidet anders. Er erklärt den Kaufvertrag bezüglich der 2000 Stück für anfechtbar. (Vergl. die im Text citierten Stellen.)

**Anm. 2.** Rosenthal gibt in seinem Kommentar, Anmerkung 6 H unter c das gleiche Beispiel. Die Bemerkung daselbst: „obgleich eine verständige Würdigung des Falles dazu hätte führen müssen, die 2000 Stück Zigarren nicht für 200 M. zu verschleudern" ist meines Erachtens bei der Begründung überflüssig und auch nicht richtig. Denn eine verständige Würdigung des Falls liegt bei A. gerade vor. Er weiß, daß der Preis, den er für die Zigarren verlangt, zu gering ist. Demnach genügt der Hinweis auf den Wortlaut des § 119.

**Fall 36.** (Schücks Civilrechtspraktikum Seite 9.)

Die Anfechtung des A. ist aus folgenden Gründen vollständig unberechtigt. Wenn A. den Umtausch des Loses anficht, so kann dies nur auf Grund eines Irrtums geschehn. Ein wesentlicher Irrtum im Sinne des § 119 liegt aber auf keiner Seite vor, denn die Voraussetzung beim Kauf bez. Umtausch eines Loses ist gerade die, daß die Parteien darüber, ob das Los gewinnen wird oder schon gewonnen hat, keine Kenntnis haben. Wenn daher A. nicht weiß, daß Nr. 11 noch mehr gewinnen wird, als Nr. 12, so darf er dies auch nicht wissen. Man kann daher keinesfalls sagen, daß A. den Umtausch bei Kenntnis der Sachlage nicht vorgenommen hätte. Somit kommt Irrtum nicht in Frage. B. war andrerseits berechtigt, den Umtausch anzufechten, denn ihm fehlte die Kenntnis davon, daß das Los Nr. 12 schon mit Gewinn gezogen war. Der Mangel dieser Kenntnis stellt zweifellos einen wesentlichen Irrtum im Sinne des § 119 dar. B. selbst scheint allerdings, indem er von Benutzung seiner Unkenntnis spricht, mehr an die Möglichkeit einer Anfechtung wegen Betrugs nach §§ 123, 823 zu denken, die ebenfalls nicht ausgeschlossen war, denn A. täuscht den B. und schädigt ihn, indem er ihn dazu bestimmt, daß er einen Gewinn gegen die bloße Gewinnchance hingibt. Natürlich nimmt B. diese Anfechtung jetzt nicht mehr vor, da er durch die egoistische Handlungsweise des A. zufällig einen großen Vorteil erlangt hat, indem das ihm von A. beim Umtausch zurückgegebene Los Nr. 11 20000 M. gewinnt, also das doppelte des dem A. zurückgegebenen Loses Nr. 12.

Wenn A. einwendet, daß er keine Verpflichtung gehabt habe, den Grund, aus dem er den Tausch begehrte, anzugeben, so richtet sich das anscheinend gegen eine Anfechtung wegen Betrugs seitens des B., hat aber keine Bedeutung für die Begründung einer Rückgängigmachung des Vertrags. Da dolus nicht vermutet wird, so brauchte auch der B. nicht danach zu fragen, ob das Los schon gezogen sei. Ganz haltlos ist endlich die Bemerkung das A., daß B. mit dem Lose Nr. 11 die Chance auf einige noch nicht gezogene Gewinne von größerem Betrage als 10000 M. erhalten habe. Denn die Gewinnchance auf so hohe Summen ist so gering, daß man normalerweise den wirklich gemachten Gewinn einer solchen Gewinnchance bedeutend vorziehen muß.

Somit ist A. mit seiner Klage abzuweisen.

**Anm.** Auch hier ist zwischen Betrug im Sinne des Civilrechts und des Strafrechts zu unterscheiden. Wie bereits ausgeführt, genügt zum ersteren bloße Täuschung im Sinne des § 123 verbunden mit Vermögensschädigung. Dadurch sind die Voraussetzungen der Schadensersatzpflicht nach § 823 gegeben. Hier, wie meistens, liegt aber auch ein Betrug im Sinne des Strafrechts vor, denn A. nimmt den Tausch in der Absicht vor, sich einen Vermögensvorteil zu verschaffen.

**Fall 38.** (Schücks Civilrechtspraktikum Seite 10.)

Die Drohung im Sinne des § 123, die hier in Frage kommt, hat verschiedene Voraussetzungen. Wichtig ist vor allem das Mittel, mit dem gedroht wird. § 123 sagt nichts darüber, mit welchem Mittel die Drohung erfolgen muß, damit sie eine Anfechtbarkeit erzeugt, darüber hat daher die Wissenschaft bez. Rechtsprechung zu entscheiden. Hiernach ist stets dann eine Drohung im Sinne des § 123 anzunehmen, wenn mit einem Übel im Rechtssinne gedroht wird. (Binding.)

Nach Obigem fragt sich also: Droht A. dem B. mit einem Übel im Rechtssinne? Das ist zweifellos der Fall. Für einen Kaufmann ist die Bekanntmachung seiner schlechten Vermögenslage sogar eines der größten Übel im Rechtssinne, die es geben kann, denn es wird dadurch sein Kredit gefährdet und er wird so unter Umständen gänzlich erwerbsunfähig.

Weitere Voraussetzungen der Drohung des § 123 bestehen darin, daß dieselbe ernst gemeint und ernst aufzufassen ist, sowie daß der Drohende zu ihrer Ausführung imstande ist. Das ist hier zweifellos der Fall.

Durch die Drohung wird ferner der B. wie ohne weiteres klar ist, zur Abgabe einer Willenserklärung bestimmt, nämlich zu der, ein Zahlungsversprechen im Sinne des § 780 abzugeben, wonach er dem A. 1000 M. zu zahlen verspricht.

Somit ist die Drohung des A. eine Drohung im Sinne des § 123. Wenn also A. einige Monate später die 1000 M. einklagt und B. nach § 123 das bezeichnete Rechtsgeschäft anficht, so wird die Klage abgewiesen, weil es nach § 142 als von Anfang an nichtig zu betrachten ist.

Wenn A. die 1000 M. erst einige Monate später einklagt, so fragt sich, ob das noch rechtzeitig ist. Nach § 124 ist dies zu bejahn. Denn die Ausschlußfrist für das Recht des B., die Einrede des Zwangs geltend zu machen, beträgt 1 Jahr. (Man hüte sich, hier von Verjährung zu sprechen.)

Somit können sowohl die Klage als auch die Einrede auf Grund erfolgter Anfechtung auch jetzt noch geltend gemacht werden.

Daß bezüglich des vorliegenden Schuldversprechens die Formvorschriften der §§ 780, 781 vorliegen, ist hier in Ermangelung besonderer Bestimmungen des Textes einfach angenommen worden, da es offenbar nicht der Zweck der Aufgabe sein soll, diese Frage zu erörtern. Übrigens würde § 350 H.G.B. im Falle eines Formmangels außer Betracht bleiben.

**Fall 39.** (Schücks Civilrechtspraktikum Seite 11.)

Unbedenklich ist anzunehmen, daß eine Drohung im Sinne des § 123 vorliegt. Es ist anzunehmen, daß der Handlung des A. eine ernsthafte Absicht des Zwangs zu Grunde liegt, daß ferner A. in der Lage ist, das Angedrohte auszuführen, daß es sich um ein Übel im Rechtssinne für den B. handelt und daß B. durch die Drohung zur Unterschrift bestimmt wird. (Vergl. Binding, Grundriß II, S. 35 unter b.) A. klagt aus dem Wechsel. Nach § 82 W.O. (e contrario) könnte nun B., falls er gemäß § 124 binnen Jahresfrist seine Annahmeerklärung angefochten hätte, den Einwand des Zwangs erheben und würde damit erreichen, daß das anfechtbare Rechtsgeschäft — nämlich die durch Annahme des Wechsels eingegangene Verpflichtung — als nichtig anzusehen ist. Davon, daß B. diese Anfechtung vorgenommen hat, ist aber nichts gesagt. Vielmehr will B. die Anfechtung erst 2 Jahre nach Beginn der Zwangslage im Prozesse geltend machen. Nun beginnt zwar die einjährige Ausschlußfrist nach § 124 im Falle der Drohung mit dem Zeitpunkte, in welchen die Zwangslage aufhört. Es ist aber praktisch kaum denkbar, daß A. die Zwangslage des B. ein Jahr lang aufrecht erhalten kann. Es ist vielmehr anzunehmen, daß diese bald nach der ersten Zwangshandlung aufhört. Somit wird die Anfechtung das B. vermutlich verspätet sein.

Im Text ist nur von dem Einwande des Zwangs die Rede. Eine andere hier aber nicht gestellte Frage ist die, ob nicht B. aus einem anderem Grunde die Zahlung verweigern kann. Die Handlung des A. ist zweifellos eine unerlaubte, sogar eine strafbare (Erpressung, § 253 St.G.B.). Ebenso wie daher B. eine Deliktsklage im Sinne des § 823 gegen A. hat, hat er auch eine Deliktseinrede. Diese verjährt aber nach § 852 erst in 3 Jahren, also frühestens 3 Jahre nach Hingabe des Accepts. Sie kann also hier noch geltend gemacht werden und Kläger ist daraufhin abzuweisen.

**Anm.** Nach dem Satze: „jura novit curia" kann übrigens das Gericht in dem Einwand des Zwangs die Vorschützung der Einrede des § 823 oder vielleicht auch des § 821 erblicken und ohne Rücksicht auf die mangelhafte Verteidigung des Beklagten die Klage abweisen.

Über das Wesen der Wechselverpflichtung — insbesondere des Accepts — welches hier für das Verständnis nicht ohne Bedeutung ist, vergl. die vorzügliche Abhandlung in Staubs Kom. z. W.O., 4. Aufl. S. 3 fg.

**Fall 41.** (Schücks Civilrechtspraktikum Seite 11.)

Die Drohung mit Schlägen ist hier, wie ohne weiteres klar ist, eine Drohung mit einem Übel im Rechtssinne. Auch hat A., wenn der ihm feindlich gesinnte B. ihm schon längst eine Gewalttätigkeit angekündigt hatte, in dem Augenblick, in welchem B. mit erhobenem Stocke und drohender Gebärde auf ihn zukommt, allen Grund zu glauben, daß A. diese Drohung verwirklichen wolle und auch verwirklichen könne. Es fragt sich daher nur noch, ob A. durch die Drohung des B. zur Abgabe einer Willenserklärung bestimmt worden ist. Indem A. den C. herbeiruft, ihn bittet, ihn von B. zu befreien und ihm dafür 100 M. verspricht, macht er dem C. das Angebot zum Abschluß eines Werkvertrags. Indem C. den B. daraufhin wirklich fortjagt, nimmt er durch konkludente Handlung das Angebot an.

Das Vertragsangebot des A. ist nun aber freiwillig gemacht worden. Es geschieht zwar aus A n l a ß der Drohung des B., man kann aber nicht sagen, daß A. zur Abgabe seiner Willenserklärung u n m i t t e l b a r d u r c h die Drohung des B. bestimmt worden ist, sondern sie ist, wie er ganz richtig, aber zu seinen Ungunsten anführt, nur u n t e r d e m E i n d r u c k e der Drohung des B. geschehn. Demgemäß liegt diese Voraussetzung des § 123 nicht vor. Der zwischen A. und C. abgeschlossene Werkvertrag kann demnach von A. auf die Klage des C. hin nicht angefochten werden. A. ist also zur Zahlung der 100 M. zu verurteilen.

Der Umstand, daß hier nicht der eine der Vertragsschließenden, sondern ein Dritter, der B., die Drohung ausspricht, ist für die Wirksamkeit derselben gleichgültig, da für die Drohung nicht die Beschränkung des § 123 Abs. 2 gilt.

**Fall 43.** (Schücks Civilrechtspraktikum Seite 11.)

Indem A. dem C. vorspiegelt, das Pferd des B. Cäsar habe verschiedene Rennen gewonnen, täuscht er den C. Indem er den C. bestimmt, dem B. sein Pferd zu einem unverhältnismäßig hohen Preise abzukaufen, schädigt er das Vermögen des C., er handelt somit widerrechtlich. A. begeht also dem C. gegenüber eine Täuschung im Sinne des § 123. Die Frage ist! Welche Ansprüche hat C.? Es handelt sich dabei also um Ansprüche gegen A. und gegen B.

Welche Ansprüche hat C. zunächst gegen A? A. hat eine unerlaubte Handlung im Sinne des § 823 begangen. Er haftet daher dem C. auf Grund des § 823 auf Schadensersatz. Dieser regelt sich nach Art und

Umfang nach §§ 249 fg. Er besteht in der offenbar sehr großen Differenz zwischen dem wahren Werte des Pferdes und dem von C. gezahlten Kaufpreis.

Eine Anfechtung gegen A. auf Grund des § 123 Abs. 3 Satz 2 ist nicht möglich, weil A. aus der Erklärung des C. nicht unmittelbar ein Recht erlangt hat.

Welche Ansprüche hat C. gegen B? Hierfür kommt § 123 Abs. 2 in Betracht. Der Tatbestand des ersten Teils von § 123 Abs. 2 ist zwar erfüllt, denn es hat ein Dritter — der A. — die Täuschung verübt, und die Erklärung war einem anderen, dem B. gegenüber, abzugeben. B. hat aber vermutlich die Täuschung nicht gekannt, er hat sie auch nicht kennen müssen, denn den Umstand, daß ihm ein unverhältnismäßig hoher Preis von C. geboten wurde, braucht B. noch nicht in dem Sinne auszulegen, daß C. getäuscht worden sei. Es war für B. z. B. auch leicht denkbar, daß C. als Gutsbesitzer ein Pferdeliebhaber sei und als solcher für sein Pferd ein besonderes Interesse habe, daß ihn veranlasse, einen den wahren Wert des Pferdes weit übersteigenden Preis für dasselbe zu zahlen. Gegenüber B. wird also der C. mit seiner Anfechtung keinen Erfolg haben.

Welche Ansprüche hat C., wenn A. u. s. w.? Zunächst steht fest, daß die vorliegende Drohung eine Drohung mit einem Übel im Rechtssinne ist, daß sie ernstlich aufgefaßt werden mußte, daß A. die Drohung zu verwirklichen imstande ist und daß C. durch dieselbe zum Abschluß des Kaufvertrags unmittelbar bestimmt wird, daß sie somit eine Drohung im Sinne des § 123 ist. (Vergl. Fälle 38, 41.) C. kauft infolge der Drohung das Pferd des B., erhält es, wie zu ergänzen ist, übergeben, nimmt es an und zahlt den Kaufpreis dafür. Durch diese Übergabe wird C. Eigentümer des Pferdes, denn die Erfordernisse des § 929 verb. mit § 433 liegen vor. Ebenso wird B. durch Übergabe Eigentümer des Kaufpreises. Diese Erklärung mit welcher er den Kaufvertrag abschließt, die in der Übertragung enthaltene Einigung und die Zahlung des Kaufpreises kann aber C. nach § 123 Abs. 1 anfechten, trotzdem ein Dritter, beim Vertragsschlusse Unbeteiligter — nämlich der A. — die Drohung ausgesprochen hat. Denn bei der Drohung gelten nicht die Beschränkungen, die nach § 123 Abs. 2 bei der Täuschung für den Fall gelten, daß ein Dritter die Täuschung verübt hat. Nach § 142 erreicht C. mit dieser Anfechtung, daß der Kaufvertrag und die Übergabe als von Anfang an nichtig anzusehen sind. B muß daher gegen Rückgabe des Pferdes den von C. dafür gezahlten Kaufpreis an C. zurückzahlen.

**Fall 44.** (Schücks Civilrechtspraktikum Seite 12.)

1. Die Drohung des A. ist offenbar eine Drohung im Rechtssinne. Sie ist auch eine solche in Sinne des § 123, denn sie führt zu einer Willenserklärung des B., nämlich zu einem Schuldanerkenntnis. (Vergl. hierzu das bereits früher über Drohung Gesagte.) Die Forderung hieraus tritt A. an C. ab. C. klagt nun gegen B. aus dem Schuldanerkenntnis, indem er sich zugleich auf die Abtretung stützt. Kann B. das Rechtsgeschäft wegen Zwangs nach § 123 Abs. 1 gegenüber C. anfechten? Daß er das gegenüber dem A. tun kann, ist ohne weitres klar, er kann es aber auch gegenüber C. Denn schon aus dem Wesen der Abtretung, insbesondere aus § 404 ergibt sich, daß der Schuldner B. dem neuen Gläubiger C. dieselben Einwendungen entgegensetzen kann, die zur Zeit die Abtretung der Forderung gegen den bisherigen Gläubiger A. begründet waren. Eine derselben ist aber hier die des § 123. Dasselbe ergibt sich aus § 142, der nichts darüber sagt, gegen wen angefochten wird. Also kann B. auch gegenüber C. auf dessen Klage aus dem Schuldanerkenntnis die Einrede des Zwangs nach § 123 geltend machen. Es treten nunmehr die Folgen des § 142 ein, das heißt, der zwischen A. und B. abgeschlossene Vertrag ist als von Anfang an nichtig anzusehn. Da somit das Schuldanerkenntnis nichtig wird, so ist C. mit der Klage gegen B. abzuweisen.

2. Kann B. im 2. Falle das Pferd von C. wegen das von A. verübten Zwangs herausverlangen? A. wird durch die Verkaufsübergabe Eigentümer des Pferdes des B., da beide Teile über den Eigentumsübergang einig sind. B. verlangt es von C. auf Grund der Anfechtung der zur Übergabe führenden Einigung gemäß § 123 heraus. (Vergl. hierzu Fälle 24 und 28.) Hat er damit Erfolg? Nach § 142 wird durch die Anfechtung seitens des B. der frühere Rechtszustand wieder hergestellt. Die Folgen der Übergabe des Pferdes durch B. an den A. werden daher aufgehoben, ebenso der Eigentumserwerb des A. Der Eigentumserwerb des C. wird aber durch die Anfechtung nicht aufgehoben, denn die Anfechtung wirkt zwar auch gegen Dritte, aber die Vorschriften zu Gunsten derjenigen gutgläubigen Dritten, die Rechte von einem Nichtberechtigten herleiten, können durch die Anfechtung nicht berührt werden. Ein solcher Dritter ist aber C. zweifellos, denn er erlangt das Eigentum an dem Pferde gutgläubig. Obgleich nun C. infolge der Anfechtung als ein Erwerber vom Nichteigentümer anzusehn ist, so kann doch nach § 932 sein Eigentumsrecht nicht beeinträchtigt werden. Die Ausnahme des § 935 liegt auch nicht vor, da die Sache keine „sonst abhanden gekommene“ ist. C. behält also

das Eigentum an dem Pferde und B. kann in diesem Falle nichts gegen ihn erreichen (vergl. Kom. von Rosenthal, Anm. 60 zu § 142). Dagegen würde C., wenn er bösgläubig wäre, das Pferd an B. herausgeben müssen.

Dem B. bleibt also im 2. Falle nur die Möglichkeit, sich gegen A. zu wenden und gegen diesen die Schadensersatzklage nach § 823 anzustellen. A. hat durch Drohung — also widerrechtlich — das Eigentum des B. geschädigt, er hat also den dadurch verursachten Schaden zu ersetzen. Die Art und Höhe desselben regelt sich wieder nach §§ 249 fg. Man muß dabei im Zweifel annehmen, daß der Kaufpreis von 500 M., den A. von C. für das Pferd erhalten hat, dem Werte des Pferdes entspricht. Demnach würde der Schadensersatz 500 M. betragen. Ist dagegen der Wert des Pferdes objektiv betrachtet ein höherer, so hat A. auch diesen als entgangenen Gewinn zu ersetzen.

Übrigens hat B., wie ohne weitres klar ist, gegen A. auch die Bereicherungsklage, denn A. ist durch eine Leistung seitens des B. bereichert. Diese ist aber, wenn sie mit der Schadensersatzklage konkurriert, nicht zu empfehlen, da mit ihr möglicherweise weniger erlangt wird.

**Fall 46.** (Schücks Civilrechtspraktikum Seite 12.)

Wenn die Parteien A. und B. nach langen Verhandlungen übereinkommen, den Kaufvertrag über das Gemälde schriftlich aufzusetzen, so bekunden sie damit die Absicht, daß das bisher mündlich Verhandelte, durch die schriftlichen Erklärungen ersetzt werden soll, daß also, soweit zwischen den bisher mündlich Verhandelten und dem nunmehr schriftlich Erklärten Differenzen bestehn, nur das schriftlich Erklärte gelten soll. Damit treffen also die Parteien eine Vereinbarung im Sinne des § 125. Dadurch wird aber nicht die Möglichkeit ausgeschlossen, den schriftlichen Vertrag durch spätere mündliche Bestimmungen abzuändern, oder zu ergängen, falls die Parteien dies übereinstimmend beabsichtigen. Denn nach § 125 Satz 2 ist ein solcher Zusatz nur im Zweifel nichtig. Wenn daher A. und B. wie hier, verabreden, daß die Vereinbarung wegen der Ablieferung, die sie versehentlich nicht in den schriftlichen Vertrag aufgenommen haben, gerade so gut gelten solle, wie wenn sie niedergeschrieben wäre, so ergänzen sie insofern den früheren Vertrag und diese Vereinbarung ist zweifellos gültig. (Vergl. Rosenthal, Anm. 25 zu § 125.)

B. stützt sich anscheinend in seiner Verteidigung fälschlich auf § 154. Nach § 154 ist ein Vertrag im Zweifel noch nicht geschlossen, solange nicht die Parteien sich über alle Punkte geeinigt haben, über die nach der Erklärung auch nur einer Partei eine Vereinbarung getroffen werden sollte. Diese Vorschrift kommt hier nicht in Frage, weil ja hier gerade über alle Punkte eine Einigung vorliegt. A. hat das Bedenken, daß eventuell die mündliche Verabredung als nichtig anzusehn und daher § 139 anwendbar sein könnte, wonach, wenn ein Teil eines Rechsgeschäfts nichtig ist, das ganze Rechtsgeschäft nichtig ist, wenn nicht anzunehmen ist, daß es auch ohne den nichtigen Teil vorgenommen worden wäre. Dieses Bedenken ist aber nach dem Obigen unbegründet, denn der fragliche Teil des Rechtsgeschäfts — nämlich die Ablieferungsvereinbarung — ist gültig, weshalb die Voraussetzung des § 139 verbunden mit § 154 gar nicht vorliegt.

B. ist somit nicht nur zur Übergabe, sondern auch zur Ablieferung des Gemäldes an A. zu verurteilen.

**Anm.** In dem Mietvertragsformular der Hausbesitzer steht, daß nur schriftliche Nebenabreden gelten, mündliche dagegen ungültig sein sollen. Sogar in diesem Falle steht die Praxis meist auf dem Standpunkte, daß jene Schriftklausel durch mündliche Vereinbarung aufgehoben werden kann.

**Fall 50.** (Schücks Civilrechtspraktikum Seite 13.)

Der Satz: A. kauft unter Verstoß u. s. w. bedarf der Berichtigung. A. kann nicht gegen das fragliche Gesetz verstoßen, denn dasselbe verbietet den Geschäftsbetrieb den Inhabern der Läden, das heißt, sie dürfen zu den vom Gesetz bestimmten Zeiten keine Waren feilbieten. Es kann also nur B. gegen das Gesetz verstoßen. (Diese Undeutlichkeit des Ausdrucks erklärt sich aus dem Bestreben möglichster Kürze bei Angabe des Tatbestands.)

Der zwischen A. und B. abgeschlossene Kaufvertrag verstößt nun, wie feststeht, gegen ein im Gesetz über die Sonntagsruhe enthaltenes Verbot, also gegen ein gesetzliches Verbot. Nach § 134 muß daher der Kaufvertrag nichtig sein, wenn nicht aus dem Gesetz ein anderes hervorgeht. Das letztere ist aber hier der Fall. Denn die Motive des fraglichen Gesetzes und dessen Charakter im allgemeinen ergeben, daß seine Verbote nur polizeilicher Natur sein sollen, daß daher auch ein Zuwiderhandeln gegen dasselbe die Nichtigkeit eines abgeschlossenen Kaufgeschäfts nicht herbeiführen soll. Der über die Kiste Zigarren abgeschlossene Kaufvertrag ist daher gültig. Wenn also B. auf seine Vorleistung hin auf Grund von § 433 gegen A. die Kaufklage anstellt, so wird A. daraufhin zur Zahlung des Kaufpreises verurteilt.

**Anm.** Diese Grundsätze gelten bei allen Gesetzen, deren Vorschriften polizeilicher Natur sind.

Fall 53. (Schücks Civilrechtspraktikum Seite 14.)

Einleitung. Der Fall enthält den sogenannten Anatomievertrag. Der Mensch kann zu seinen Lebzeiten, trotzdem sein Körper und dessen Glieder noch nicht Sachen im Rechtssinne sind, bereits bis zu einem gewissen Grade darüber verfügen, er kann sich z. B. verletzen oder von anderen verletzen lassen und so kann er auch seinen Körper bereits zu seinen Lebzeiten veräußern. (Es ist das ein sogenanntes Individuelrecht des Menschen. Derartige Rechte hebt B.G.B. abgesehn vom Namenrecht des § 12, welches in Fall 3 besprochen wurde, nicht weiter hervor, wogegen die Wissenschaft diese Rechte näher bestimmt, vergl. Fall 3.) Der Anatomievertrag ist nun ein Kaufvertrag über eine res futura bei dem die Kaufsache der Körper eines noch lebenden Menschen ist. Dieser Vertrag wird, unter der Voraussetzung abgeschlossen, daß der Mensch gestorben ist und daher sein Körper zur Sache im Rechtssinne (§ 90) geworden ist. (Vergl. Lehrb. von Matthiaß, Band I, S. 237 unter B. und Anm. 2.)

Es fragt sich nun, bis zu welcher Grenze die bezeichnete Verfügungsgewalt des Menschen geht. Wie bei allen Rechten geht sie bis zur Grenze der guten Sitten. (§ 138.) Gegen diese verstößt aber nicht ein Vertrag, durch den jemand seinen Körper nach seinem Tode der Wissenschaft überläßt, das kann man im Gegenteil als etwas Lobenswertes ansehn. Die Anotomieverträge sind daher im allgemeinen gültig. Der Kaufvertrag über den Körper ist — wie jeder andere Kaufvertrag — mit der Willenseinigung abgeschlossen.

*α*) Geht man auf Fall 53 ein, so ergibt sich aus dem Gesagten, daß der Vertrag zwischen A. und dem Arzte B. über den Leichnam des A. — richtiger über seinen Körper — gültig ist. Der B. erwirbt also die Forderung auf Übergabe des Körpers des A. bei dessen Tode. Die Erben des A. müssen daher den Körper des A. nach dessen Tode an den Arzt B. herausgeben.

*β*) Dieser Vertrag verstößt allerdings gegen die guten Sitten und ist daher nach § 138 nichtig. Jeder Mensch hat, wie oben ausgeführt, das Recht, über seinen Körper für den Fall seines Todes zu verfügen, dagegen hat niemand das Recht, über den Körper eines anderen für den Fall des Todes desselben zu verfügen, wenigstens nicht ohne dessen Wissen und ohne oder gegen seinen Willen. Vermutlich ist aber der Vater des A. mit der Verfügung seines Sohnes über seinen Körper nicht einverstanden, sondern hat die Absicht, beerdigt zu werden. Somit ist der Kaufvertrag des A.

mit dem Arzte B. über den Körper seines Vaters nach § 138 nichtig. Kann B. Erstattung des Kaufpreises verlangen? Ja, denn A. ist durch die Vorausleistung des Arztes B. nach § 812 ohne Grund bereichert. B. kann daher gegen A. die Bereicherungsklage auf Herauszahlung des Kaufpreises anstellen.

γ) Dieser Vertrag verstößt vermutlich ebenfalls gegen die guten Sitten. Nach den Vorschriften des Familienrechts (§§ 1627 fg.) hat der Vater die Pflicht, für die Person und das Vermögen des Kindes zu sorgen. Die Frage ist also hier die, ob der Vater diese Pflicht verletzt, indem er den Körper seines unmündigen Kindes dem Arzte B. verkauft. Daß der Vater diese Pflicht verletzt, ist zu vermuten, da A. sich den Kaufpreis im voraus zahlen läßt. Als Grund des Verkaufs ist also, wenn auch immer nur bis zum Beweise des Gegenteils, nicht das Interesse des Kindes anzusehn, sondern das des Vaters, indem dieser durch die Vorauszahlung des Kaufpreises Geld für sich zu bekommen sucht. Sollte sich also nicht herausstellen, daß der Vater aus irgend einem Grunde erwerbsunfähig geworden ist und daher die Vorschriften über die Unterhaltspflicht von Verwandten in gerader Linie der §§ 1601—1615 eingreifen, oder daß der Vater die Absicht hat, das Geld für das Kind zu verwenden und Ähnliches, so muß man den Kaufvertrag über den Körper des Kindes nach § 138 als nichtig betrachten, und der Arzt kann daher nicht auf Grund von § 433 auf Übergabe des Leichnams gegen A. klagen. Auch hier hat aber der A. auf Kosten des Arztes durch dessen Leistung den Kaufpreis ohne rechtlichen Grund erhalten. Er hat also denselben auf Grund von § 812 dem B. herauszugeben.

**Fall 54.** (Schücks Civilrechtspraktikum Seite 14.)

Es liegen wieder Kaufverträge über res futurae und zwar zum Teil wieder sogenannte Anatomieverträge vor. Im Unterschied von Fall 53 wird hier das Kaufobjekt nicht durch den Körper als Ganzes, sondern durch dessen Teile gebildet. Ferner wird hier der Körperteil nicht der Wissenschaft, sondern einem beliebigen Dritten überlassen. Auch kommt die in Fall 53 angeführte Voraussetzung, daß der Mensch gestorben ist, nicht jedesmal in Betracht, obgleich auch hier für gewöhnlich diese Voraussetzung vorliegen wird. Auch derartige Verträge sind im allgemeinen gültig, soweit nicht § 138 einschlägt. Vor der Trennung sind die Körperteile noch keine Sachen im Rechtssinne (§ 90) sondern Bestandteile (§§ 93 fg.). Im übrigen gilt das im Fall 53 Gesagte.

*α*) Der Kaufvertrag über einen Zopf verstößt in keiner Weise gegen die guten Sitten. Es ist sogar vielfach üblich, daß Zöpfe von den Inhaberinnen abgeschnitten und verkauft werden. Der Vertrag des Mädchens mit dem A. über seinen Zopf ist daher gültig und klagbar. Ein Vertrag über die linke Hand widerspricht dagegen — wenn ohne weiteren Zusatz abgeschlossen — den guten Sitten und zwar aus folgenden Gründen: Der Kaufvertrag ist abgeschlossen mit der Willenseinigung. Mit dieser erhält nach § 433 mangels einer besonderen Bestimmung der Käufer das Recht, die Leistung zu verlangen und zwar ist diese mangels einer Vertragsbestimmung sofort fällig. Dadurch wird die eine Partei — das ist hier der B. — falls sie den Kaufpreis bezahlt, berechtigt, den Kaufpreis — also die linke Hand des Mädchens — zu einer Zeit von diesem zu verlangen, zu welcher dasselbe noch lebt und die Hand unbedingt für sich selbst braucht. Durch ihre Trennung würde sich ihre Arbeitskraft vermindern. Solche weitgehende Verpflichtungen sollen durch § 138 vermieden werden und es ist demnach ein solcher Vertrag nichtig. Hier tritt nun der Fall wirklich ein, daß B. Erfüllung verlangt, während die Hand noch Bestandteil des Körpers ist. Nach dem eben Ausgeführten hat das Mädchen keine Verpflichtung, sich die linke Hand vom Körper zu trennen und dem B. zu übergeben, sondern kann die Nichtigkeit des Vertrags vorschützen, soweit sie nicht schon von Amtswegen berücksichtigt wird. Ebenso bleibt die Lösung, wenn A. klagt, während Zopf und Hand nicht mehr Bestandteile des Körpers sind, weil nämlich die Verkäuferin sich den Zopf abgeschnitten hat und den linken Arm sich zufolge einer Blutvergiftung hat abnehmen lassen müssen. Bezüglich des Zopfes ist das selbstverständlich. Bezüglich der linken Hand ist zu beachten, daß ein Vertrag, der nichtig war, nicht gültig wird, weil der Grund der Nichtigkeit später wegfällt. Das ergibt sich daraus, daß § 138 ein zwingendes Gesetz ist (sog. lex absoluta). Es nützt also dem B. nichts, daß die Hand des Mädchens infolge der Blutvergiftung, also durch einen Zufall, der allerdings mit dem Vertrage in keiner Verbindung steht, vom Körper getrennt worden ist, sondern der Vertrag bleibt nichtig.

*β*) Wenn der Verkauf für den Fall geschieht, daß Zopf und Hand nicht mehr Bestandteile des Körpers sind, ändert sich die Sache. Nach den unter *α* entwickelten Grundsätzen ist dieser Vertrag auch bezüglich der Hand gültig, da er nicht gegen die guten Sitten verstößt, weil die Hand nach der Trennung für den früheren Träger derselben unbrauchbar wird. Der Inhalt der Worte! „für den Fall, daß Zopf und Hand nicht mehr

Bestandteile des Körpers sind" muß allerdings bezüglich der Hand dahin ausgelegt werden, daß der Fall gemeint ist, daß sie durch irgend einen Zufall, nicht aber infolge Verwirklichung der Verkaufsabsicht, nicht mehr Bestandteil des Körpers ist. Dies ist die Absicht der Parteien bei dem Vertragsschlusse. Dieser Vertrag kann also auch schon zu Lebzeiten des Mädchens erfüllt werden, wenn durch einen Zufall die Trennung der Hand erfolgt. Er ist auch für diesen Fall gültig und klagbar. Wenn nun A. auf Erfüllung klagt, nachdem dem Mädchen sein eifersüchtiger Bräutigam den Zopf abgeschnitten hat, so ist sie zur Herausgabe des Zopfes nach § 433 ohne weitres verpflichtet. Wenn ferner das Mädchen sich die linke Hand abgehauen hat und man voraussetzt, daß dies aus Verdruß über das vorherige Abschneiden des Zopfes durch den Bräutigam, oder wenigstens aus Anlaß desselben geschehn ist, so kann nach dem soeben Entwickelten der B. auf Grund des gültigen Kaufvertrags nach § 433 von dem Mädchen die Herausgabe der Hand verlangen.

Fall 57. (Schücks Civilrechtspraktikum Seite 15.)

Der zwischen A. und B. abgeschlossene Vertrag ist ein Dienstvertrag nach §§ 611 fg. Die zu leistenden Dienste bestehn darin, daß B. dem A. an jeden Ort folgen muß, wo A. es für gut findet, seinen Wohnsitz zu nehmen. Als Vergütung ist das Jahrgeld von 6000 M. verabredet. Die Frage ist nun die, ob der Vertrag gültig ist. Ein Vertrag, durch den man sich verpflichtet, einen anderen zu begleiten, kann gültig sein, wenn nicht die näheren Vertragsbestimmungen den guten Sitten widersprechen. Das letztere ist hier der Fall, denn B. hat sich seinem Bruder A. gegenüber verpflichtet, demselben an jeden Ort zu folgen, wo A. es für gut halten sollte, seinen Wohnsitz zu nehmen. Wenn A. dann einen Ort aufsuchte, an welchem der Aufenthalt in irgend welcher Weise lebensgefährlich ist, so müßte ihm B. nach dem Vertrage auch dahin folgen. B. wäre also der Willkür des A. völlig preisgegeben, seine persönliche und sittliche Freiheit wäre völlig aufgehoben. So weitgehende Verpflichtungen will aber das Gesetz durch § 138 mit Recht unmöglich machen, indem es derartige Verträge als gegen die guten Sitten verstoßend für nichtig erklärt. So ist auch der hier vorliegende Vertrag, weil er dem A. zu weitgehende Rechte gewährt, nichtig. Alexandrien ist bereits ein Ort, der vermutlich nicht für jeden normalen Europäer gesund ist, denn das Klima und demgemäß die Lebensbedingungen sind dort bereits ganz anderer Art als in den Städten Europas. B. weigert sich daher unter Hinweis auf die

Nichtigkeit des Vertrags mit Recht, dem A. auch nach Alexandrien zu folgen. A. klagt, und zwar nicht, wie es auch denkbar wäre, auf Erfüllung des Werkvertrags, sondern auf Zahlung der Konventionalstrafe von 10000 M. wegen Nichterfüllung des Vertrags und Rückzahlung der letzten im voraus entrichteten Jahresrente von 6000 M. Die Konventionalstrafe kann A. nach dem Gesagten wegen Nichtigkeit des Vertrags nicht fordern. Dagegen kann A. Rückzahlung der Rente verlangen und zwar der ganzen Rente von 6000 M., falls B., was der Text nicht ergibt, für das letzte Jahr noch nichts geleistet hat, falls dieses also erst begonnen hat. Soweit B. bereits teilweise geleistet hat, muß sich A. von den 6000 M. einen entsprechenden Abzug gefallen lassen.

Die Klage des A. auf Rückzahlung der Rente oder eines Teils derselben ist die Bereicherungsklage des § 812, denn B. hat infolge seiner Nichtleistung oder nur teilweisen Leistung ohne rechtlichen Grund auf Kosten des A. durch dessen Zahlung etwas verlangt.

Nicht ganz zu demselben Resultat gelangt man auf Grund des § 157. Man könnte die Meinung verteidigen, daß der Vertrag den guten Sitten nicht widerspricht, daß er also ein gültiger ist, daß man ihn aber gemäß § 157 so auszulegen hat, wie Treu und Glauben mit Rücksicht auf die Verkehrssitte es erfordern. Wenn daher verabredet wird, wie im vorliegenden Falle, so ist es gegen Treu und Glauben, wenn A. so weitgehende Rechte aus dem Vertrage herleitet. Daher braucht B. nicht zu erfüllen. Ich halte es doch für schärfer, wenn man auf Grund des § 138 entscheidet, denn der Wortlaut des Vertrags hebt bereits die zu weitgehende Verpflichtung deutlich hervor. Das Recht, welches A. ausüben will, steht ihm nach dem Vertrage wirklich zu. Dagegen hilft keine Auslegung. § 157 spricht aber nur von der Auslegung. Solche Verträge sollen also nach Absicht des Gesetzgebers vollständig nichtig sein.

**Fall 67.** (Schücks Civilrechtspraktikum Seite 17.)

Zwischen A. und B. ist ein Kaufvertrag unter einer Suspensivbedingung (§ 158 Abs. 1) abgeschlossen worden. Diese ist hier zugleich eine sog. gemischte Bedingung. Der Begriff derselben wird im B.G.B. nicht festgestellt, wohl aber in der Wissenschaft. Nach dieser ist sie eine solche, bei der die Erfüllung abhängig ist von dem Willensentschluß des einen Vertragsschließenden und zugleich von einem davon unabhängigen Umstand, der hier in dem Willensentschluß eines Dritten, nämlich der C., besteht. (Vergl. Lehrbuch von Matthiaß, Band I, S. 231, II A. unter 2.) Der

Willensentschluß des A. ist nun erfolgt, der der C. — die Annahme — ist nicht erfolgt, denn die C. gibt dem A., wie es im Text heißt, einen Korb und verheiratet sich bald darauf mit dem D. B. tröstet sich schnell und heiratet noch vor Ablauf der einjährigen Frist die E. Die Frage ist, ob die Bedingung als eingetreten zu gelten hat und ob B. infolgedessen von A. die Erfüllung des Kaufvertrags, also die Auflassung des Grundstücks verlangen kann. Nach den von der Wissenschaft aufgestellten Grundsätzen genügt es zum Zustandekommen des durch die gemischte Bedingung bedingten Vertrags, daß der Verpflichtete seinerseits alles getan hat, um diese zu erfüllen. Sein Anspruch bleibt also bestehn, wenn der Eintritt der Bedingung durch das Verhalten des Dritten — also hier der C. — verhindert wird. Hätte also B. nicht vor Ablauf der Frist die E. geheiratet, so hätte er ohne Zweifel gegen B. den Anspruch auf Erfüllung des Kaufvertrags erlangt. Schwierig wird der Fall erst dadurch, daß B., anstatt den Ablauf der Frist abzuwarten, vor Ablauf der Frist die E. heiratet. Es fragt sich, ob er dadurch den Anspruch auf Übergabe der Villa verloren hat. Eine Verehelichung des A. mit der C. wäre in der Frist zwischen der Verehelichung des A. mit der E. und dem Ablauf der einjährigen Frist vermutlich noch möglich gewesen, denn die C. konnte sich scheiden lassen, sich sodann von der Vorschrift des § 1313 Abs. 1 nach § 1313 Abs. 2 dispensieren lassen und schleunigst den A. noch innerhalb der Frist heiraten, wenn es auch sehr unwahrscheinlich ist, daß sie es tun würde. Die gemischte Bedingung ist also danach nicht eingetreten, denn man kann nicht sagen, daß B. alles getan habe, um sie zu erfüllen. Somit ist B. mit seiner Klage gegen A. auf Erfüllung des Kaufvertrags abzuweisen.

**Fall 68.** (Schücks Civilrechtspraktikum Seite 17.)

Wenn A. dem B. unter der bezeichneten Bedingung 1000 M. verspricht, um ihn zu verhöhnen, so fragt sich, was für ein Rechtsgeschäft hierin zu erblicken ist. Schenkung kann wegen des Hinzufügens der Bedingung nicht vorliegen, da dieser nach § 516 wesentlich ist, daß die Zuwendung unentgeltlich geschieht, während A. als Gegenleistung die Erfüllung der Bedingung fordert. Auch ist die Schenkung eine ganz freiwillige Zuwendung, während die hier vorliegende Zuwendung nur aus der Verhöhnungsabsicht hervorgeht. Auch Scherz im Sinne des § 118 kann nicht vorliegen, denn dazu gehört bei dem Erklärenden die Erwartung, der Mangel der Ernstlichkeit werde nicht verkannt werden. Es liegt vielmehr ein gewöhnliches Zahlungsversprechen nach § 780 vor. Dieses muß schriftlich abgegeben werden. Das Vorliegen dieses Formerfordernisses soll aber auch hier, wie in den früheren Fällen als vorhanden angesehen werden, da sonst das Rechtsgeschäft ohne weiteres nichtig wäre. Dieses Zahlungsversprechen ist nun mit einer Bedingung verknüpft. Die Bedingung besteht darin, daß B. eine Handlung vornehmen soll, durch die er sich lächerlich macht. Es fragt sich, welche Wirkung das Hinzufügen dieser Bedingung hat. Im B.G.B. ist die lächerliche Bedingung (wie die gemischte Bedingung, vergl. Fall 67), nicht erwähnt, wohl aber kennt diese die Wissenschaft. Nach dieser wird die lächerliche Bedingung wie eine unsittliche behandelt. Diese aber wird nach den Vorschriften über unsittliche Rechtsgeschäfte überhaupt beurteilt, demnach macht sie das Rechtsgeschäft, dem sie hinzugefügt ist, wenn es ein Rechtsgeschäft unter Lebenden ist, entweder nach § 138 gänzlich nichtig oder nach § 139 teilweise nichtig, bei Geschäften von Todeswegen wird sie gestrichen. (Vergl. Lehrbuch von Matthiaß, Band I, S. 238 unter B.)

Das vorliegende Rechtsgeschäft ist nach dem Gesagten nichtig. (§ 139 kommt wie ohne weitres klar ist, nicht in Betracht, denn die Erfüllung der Bedingung ist dem A. wesentlich.) Welche Rechtsfolgen treten ein, je nachdem B. die Bedingung erfüllt oder nicht? Diese Folgen ergeben sich aus dem oben Gesagten von selbst. Erfüllt B. die lächerliche Bedingung, tut er also den fraglichen Gang, so entsteht dadurch für A. nicht die Verpflichtung, die versprochenen 1000 M. zu zahlen, da ein nichtiges Rechtsgeschäft keine Verpflichtungen erzeugen kann. Erfüllt B. die lächerliche Bedingung nicht, so braucht A. die versprochenen 1000 M. natürlich ebensowenig zu zahlen, aber nicht wegen Nichterfüllung der Bedingung, sondern wegen Nichtigkeit des Rechtsgeschäfts.

Wie stände es um ein unter der angegebenen Bedingung hinterlassenes Vermächtnis? Die Motive zum B.G.B. deuten an, daß die Frage, wie die unsittliche Bedingung bei Geschäften von Todeswegen zu behandeln sei, der Wissenschaft überlassen bleiben soll. Diese steht aber jetzt ebenso, wie früher, auf dem Standpunkte, daß die unsittliche Bedingung bei Geschäften von Todeswegen, wie schon angegeben, einfach zu streichen, das heißt also, als nicht vorhanden zu betrachten ist. Die Folge ist im vorliegenden Fall eine sehr unerwartete, der Billigkeit, wenn auch nicht dem Willen des Erblassers entsprechende. B. kann nämlich die Zahlung der 1000 M. von den Erben des A. unter allen Umständen verlangen, gleichgültig, ob er dessen Bedingung erfüllt, oder nicht.

**Fall 75.** (Schücks Civilrechtspraktikum Seite 19.)

Die A. ist Stellvertreterin, genauer Bevollmächtigte des B. im Sinne der §§ 164 fg. Ihre Erklärungen wirken daher unmittelbar für und gegen B. Die A. will auch den Kauf nur für B. abschließen. Sie hat aber die Vollmacht dem Verkäufer nicht zu erkennen gegeben, sondern im eigenen Namen gehandelt. Auch stillschweigend gibt sich ihr Vertretungswille nicht kund, etwa äußerlich durch die Kleidung, da eine Wirtschafterin keine besondere Tracht zu haben pflegt, wie es z. B. bei Dienstboten der Fall ist, weshalb der Dritte diese als Vertreter behandeln darf. Der Verkäufer kann also die A. nicht als Stellvertreterin ansehen, oder wenigstens braucht er es nicht. Das erfordert das Verkehrsinteresse. Für ihn gilt sie, obgleich, wie gesagt ihre Erklärung unmittelbar gegen B. wirkt, als Selbstkontrahentin. (§ 164, Abs. 2, vergl. hierzu Matthiaß, Band I, S. 213 unter 1.) Das gilt auch bezüglich der Klage. Erhebt also B. gegen den Verkäufer eine Klage aus dem Vertrag, so wird dieser mit Recht den Einwand der mangelnden Aktivlegitimation des Klägers geltend machen. Diese muß also B. in diesem Fall erst dadurch herbeiführen, daß er sich die Ansprüche aus dem Kauf von der A. abtreten läßt.

Die hier zu entscheidende Frage, ob bei stiller Stellvertretung der Vertretene ohne weiteres klagen kann, ist wie die ganze Lehre von der stillen Stellvertretung bestritten. Kuhlenbeck, Anm. 3 zu § 164 gewährt dem Vertretenen dann ein actio utilis aus dem Vertrage, wenn der Dritte kein erhebliches gegenteiliges Interesse geltend machen kann, nicht mit ihm kontrahiert zu haben. Ob das hier der Fall ist, ist unbestimmt. Im Zweifel wird ein solches Interesse nicht vorliegen und man wird daher in der Praxis die Klage des Vertretenen meistens zulassen.

Nahe liegt hier die Frage, ob die A. zur Abtretung verpflichtet ist. Das ist zu bejahen. Es ergibt sich dies aus dem inneren Verhältnis zwischen der A. und B. Zwischen beiden besteht ein Dienstvertrag im Sinne der §§ 611 fg. (auf welchen, da die A. zum Gesinde gehört, die betreffende landesgesetzliche Gesindeordnung als lex specialis anzuwenden ist). Aus den allgemeinen Grundsätzen über Dienstvertrag erklärt es sich schon, daß die Dienende, die A., alles tun muß, was zur gehörigen Erfüllung des Vertrags erforderlich ist. Dazu gehört aber auch, daß sie ihren Dienstherrn in die Lage versetzt, die Rechte aus den von ihr abgeschlossenen Verträgen selbst geltend zu machen und ihm die Ansprüche aus diesen Verträgen abzutreten. Man kann übrigens hierfür auch § 667 anwenden und sagen: Der Dienstvertrag äußert sich gerade hier in einer Geschäftsbesorgung. Nach § 675 finden daher auf denselben die dort bezeichneten Vorschriften der §§ 662 fg. über den Auftrag Anwendung. Dazu gehört auch § 667. Nach diesem hat die B. dem A. dasjenige herauszugeben, was sie aus der Geschäftsbesorgung erlangt hat. Dazu ist auch ihr Recht auf Anfechtung zu rechnen. Dieses kam aber nicht, wie eine Sache herausgegeben, sondern nur abgetreten werden. B. hat also auf diese Abtretung einen Anspruch aus dem Auftrag gegen die A.

Auch die hier weniger wichtige Frage, welche Klage die A. anstellen könnte, soll nicht unbeantwortet bleiben. Die A. kauft einen „ihr als echt bezeichneten“ Becher. Dieses Bezeichnen kann sowohl seitens des Verkäufers als auch seitens eines Dritten geschehen sein. Der Text läßt dies offen. Es soll hier offenbar kein Gewicht darauf gelegt werden. Liegt das Erstere vor, so stützt sich die Klage auf den Mangel einer zugesicherten Eigenschaft (§§ 459 fg.). Liegt das Letztere vor, so liegt darin, daß die A. einen ihr von irgend einen Dritten als echt bezeichneten goldenen Becher kauft, in der Meinung, er sei wirklich echt, ein Irrtum über eine Eigenschaft der Kaufsache, der im Verkehr als wesentlich gilt. Dieser regelt sich nach § 119. Die A. kann daher den Vertrag anfechten. Dadurch erreicht sie nach § 142 dessen Nichtigkeit. In der Wirkung bleibt es sich also ganz gleich, ob sie sich auf die §§ 459 fg. oder auf § 119 stützt. Im technischen Sinne ist das Wort „rückgängig machen“ allerdings nur in den §§ 462 fg. gebraucht. (Wandelung.)

**Fall 78.** (Schücks Civilrechtspraktikum Seite 20.)

A. handelt nach außen hin als Handlungsbevollmächtigter, er ist also direkter Stellvertreter des Prinzipals und seine Erklärung wirkt nach § 164 unmittelbar gegen denselben. Der vorliegende Kaufvertrag ist also zwischen Dieb und Prinzipal zustande gekommen. Es fragt sich nun, ob die Wirkung darin besteht, daß der Prinzipal durch die Übergabe der fraglichen Aktien an seinen Kommis seitens des Diebes Eigentümer an denselben wird. Dies ist nach § 935 Abs. 2 zu bejahn. Denn die Aktien sind zwar dem Eigentümer gestohlen, der Dieb ist nur Besitzer derselben geworden, sie könnten somit nach § 935 Abs. 1 nicht in das Eigentum des gutgläubigen Erwerbers übergehn. Die Aktien sind aber Inhaberpapiere (wenigstens ist das aus dem Verbot des Prinzipals zu schließen) und für diese gilt nach § 935 Abs. 2 im Interesse des Verkehrs die Ausnahmebestimmung, daß sie, auch wenn sie gestohlen sind, in das Eigentum des Käufers übergehn. Natürlich ist auch hierfür Gutgläubigkeit des Erwerbers vorausgesetzt, die zunächst bei dem Kommis angenommen werden soll. Der Prizipal wird also unmittelbar mit der Übergabe der Aktien an seinen Kommis Eigentümer derselben. Wenn ihn daher der Eigentümer auf Herausgabe der Aktien verklagt, so ist die Klage abzuweisen, denn dem Kläger fehlt die Aktivlegitimation. (§ 985.) (Ich nehme zunächst an, der Eigentümer sei zugleich der Bestohlene. Denkbar wäre ja auch, daß die Aktien bei dem bloßen Besitzer gestohlen wurden. Dann würde die Klage des Bestohlenen natürlich nicht die aus § 985 sein. Im übrigen ändert sich aber nichts.)

Der Text deutet nun an, daß der Kommis möglicherweise geahnt hat, daß die von ihm gekauften Aktien nicht auf rechtmäßige Weise in den Besitz des Verkäufers gelangt waren, daß er also nicht gutgläubiger Erwerber war. Es fragt sich also, ob A. dies annehmen konnte oder mußte. Dies wird vorwiegend Tatfrage sein. Auf Grund des Textes wird man noch nicht zur Bejahung der Frage kommen dürfen, besonders da die Menschenkenntnis eines Kommis noch keine derartige ist, um auf Grund gewisser äußerer Anzeichen ohne weiteres Verdacht schöpfen zu können, selbst wenn ihm das Benehmen des Fremden auffällig ist. Bejaht man die Frage, so liegt der Fall des § 166 Abs. 1 vor. Es kommt sodann nur die Person des Vertreters in Betracht, und der Prinzipal erwirbt kein Eigentum an den Aktien.

Der Prinzipal verteidigt sich nun auf die Eigentumsklage des Bestohlenen mit dem Vorbringen, er habe seinen Angestellten verboten, größere Posten von Inhaberpapieren von unbekannten Personen zu kaufen. Er behauptet also damit zwar ganz richtig, daß er Eigentum daran erworben habe, bestreitet also die Aktivlegitimation des Klägers, begründet aber diesen Eigentumserwerb falsch, nämlich mit dem genannten Verbot. Das schadet ihm aber hier nichts nach dem Satze jura novit curia. Es genügt danach, wenn er die richtige Einwendung geltend macht; zu entscheiden, ob sie richtig begründet ist, ist Sache des Gerichts. Der Prinzipal dringt somit mit dem Einwand der mangelnden Aktivlegitimation durch und die Klage des Bestohlenen ist abzuweisen.

Es soll aber nicht unbeachtet bleiben, worauf sich der Prinzipal mit der Begründung seines Einwands eigentlich stützen will. Wahrscheinlich beruft sich der Prinzipal damit, wenn er sich überhaupt etwas dabei gedacht hat, auf den Grundsatz, daß der Vollmachtgeber für das Überschreiten der Vollmacht durch den Bevollmächtigten nicht haftet, der Dritte vielmehr die Pflicht hat, sich nach dem Maße der Vollmacht zu erkundigen, falls diese nicht aus den Umständen hervorgeht. (Vergl. Rosenthal, Anm. 2 zu § 164 a. E.) und ihm, wenn er infolge einer Verletzung dieser Pflicht einen Schaden erleidet, nicht der Vollmachtgeber, sondern nur der Bevollmächtigte selbst haftet. Dieser Grundsatz ist hier nicht in Betracht zu ziehn. Nach § 54 H.G.B. erstreckt sich die Vollmacht des A. auf alle Geschäfte und Rechtshandlungen, die der Betrieb eines derartigen Handelsgewerbes, wie hier vorliegt, oder derartiger Geschäfte, wie hier vorliegen, mit sich bringen. Ein solches Geschäft ist es nun hier ohne Zweifel, wenn der Kommis die Aktien kauft. Der Dritte, der mit dem A. derartige Geschäfte abschließt, braucht also die Vollmacht des A. nicht zu prüfen, es genügt, wenn er sich als Handlungsbevollmächtigter geriert. Der Dritte darf ihn, ebenso wie z. B. einen Dienstboten, innerhalb des Kreises der ihm vermutlich zugewiesenen Geschäfte für vertretungsberechtigt halten. Wollte der Prinzipal die Vollmacht bezüglich des Einkaufs größerer Posten von Inhaberpapieren beschränken, so mußte er dies, um sich der Haftung zu entziehn, dem Publikum bekannt geben. Tat er dies nicht, so haftet er dafür, falls der Bevollmächtigte die Beschränkung außer Acht läßt. Für die Sicherheit des Verkehrs ist diese Regelung der Frage unbedingt notwendig.

Wie wenn der Veräußerer u. s. w.? Hier liegt der Fall so, daß die Aktien aus der Hand des Diebes oder eines Dritten an den Herrn gelangt sind. Hier ist zu unterscheiden, ob der Herr die Aktien bereits gutgläubig erworben und daher Eigentum daran erlangt hat, oder ob er dies infolge von Bösgläubigkeit nicht erlangt hat. Im ersten Falle kann er natürlich auch auf den Bankier Eigentum übertragen, selbst wenn dieser bösgläubig ist. Anders wird es im zweiten Fall. Wenn der Prinzipal bösgläubig und der Kommis gutgläubig war, so erwirbt der Prinzipal nach § 166 Abs. 2 durch seinen Vertreter k e i n Eigentum an den Aktien. In diesem Fall hat der Kommis nach bestimmten Weisungen des Prinzipals, also des Vollmachtgebers, gehandelt. Es kommt daher nicht darauf an, ob sein Vertreter gut- oder bösgläubig war, sondern nur darauf, daß er selbst bösgläubig war. Diese Vorschrift des § 166 Abs. 2 widerspricht auch nicht der des § 935 Abs. 2. Denn auch für die Anwendbarkeit des letzteren ist nach § 932 guter Glaube unter allen Umständen erforderlich. Mithin bleibt der Bestohlene hier Eigentümer der

Aktien und der Prinzipal wird auf dessen Klage hin nach § 985 zur Herausgabe derselben verurteilt.

**Anm. 1.** Nimmt man im ersten Falle, in dem also der Prinzipal nicht bösgläubig ist, an, dieser habe dem Kommis verboten, größere Posten von Namenpapieren, nicht von Inhaberpapieren, zu kaufen, dies aber wiederum dem Dritten nicht bekannt gegeben, so daß er auf die Klage des Eigentümers hin nach § 935 Abs. 1 die Aktien herausgeben müßte, so hat der Prinzipal natürlich ein Regreßrecht gegen A. Er kann gegen ihn auf Grund des Vertrags (Dienstvertrags) auf Schadensersatz wegen ungehöriger Erfüllung klagen, denn er ist um die gezahlte Summe geschädigt. Diese Schadensersatzpflicht würde sich im einzelnen nach §§ 249 fg. regeln.

**Anm. 2.** Vergl. übrigens zum Vorliegenden § 367 H.G.B.

**Fall 83.** (Schücks Civilrechtspraktikum Seite 21.)

Für die Lösung der Frage, wann die Geschäftsfähigkeit beginnt, haben wir keine bestimmte Gesetzesstelle. Aus § 104 Ziffer 1 verb. mit § 106 e contrario kann man aber schließen, daß die Geschäftsfähigkeit mit der Volljährigkeit beginnt, diese aber beginnt nach § 2 mit Vollendung des 21. Lebensjahres.

Wenn die A. am 1. Januar 1890 geboren ist, so wird sie also jedenfalls um die Wende des Jahres 1911 geschäftsfähig. Bezüglich der genauen Berechnung des Zeitpunktes kommen die Vorschriften der §§ 186--193 über Fristen und Termine zur Anwendung. Die Geburt ist nun entschieden ein in den Lauf eines Tages fallender Zeitpunkt, es läge also nahe, auf diesen § 187 Abs. 1 anzuwenden. Nach § 187 Abs. 2 wird aber die Berechnung des Lebensalters ausnahmsweise so behandelt, wie wenn der Beginn eines Tages der für den Anfang der Frist maßgebende Zeitpunkt wäre. Somit wird der Tag der Geburt bei Berechnung der Frist mitgerechnet. Also wird die A. geschäftsfähig in der Nacht vom 31. Dezember 1911 zum 1. Januar 1912, gleich nach 12 Uhr. (Vergl. ein ähnliches Beispiel Kom. von Rosenthal, Anm. 4 zu § 187.)

Die Fähigkeit, letztwillig zu verfügen, tritt nach § 2229 mit Vollendung des 16. Lebensjahres ein. Die Berechnung der Frist ist wieder die des § 187 Abs. 2, da es sich um das Lebensalter handelt. Die A. wird also testierfähig mit Beginn des 1. Januar 1906, oder in der Nacht vom 31. Dezember 1905 zum 1. Januar 1906, gleich nach 12 Uhr.

Die Fähigkeit, eine Ehe einzugehen (sog. Ehemündigkeit) erlangt die Frau nach § 1303 mit dem vollendeten 16. Lebensjahre. Die Frist berechnet sich wieder nach § 187 Abs. 2, da es sich um die Berechnung des Lebensalters handelt. Also wird die A. ehemündig in der Nacht vom 31. Dezember 1905 zum 1. Januar 1906, gleich nach 12 Uhr.

Die Volljährigkeitsfrage ist genau wie die der Geschäftsfähigkeit zu entscheiden. (S. am Anfang.)

Die letzte Frage: Wann müssen die Eltern u. s. w.? ist eine sehr geschickt angebrachte Vexierfrage, die dazu verleiten soll, auf die Frage zu antworten: Wann müssen die Eltern nach § 1591 spätestens den Beischlaf vollzogen haben u. s. w.? das ist aber hier ganz unwesentlich, da bei dem hier in Frage kommenden Kinde vorausgesetzt sein soll, daß es von dem Manne abstammt, der die Mutter desselben nachher heiratet. Die Eltern der A. müssen also nach § 1591 die Ehe spätestens am 1. Januar 1890, unmittelbar vor 10 Uhr, abgeschlossen haben. Schließen sie dieselbe später, so ist das Kind unehelich. Dem widerspricht nicht die Vorschrift des § 1719, wonach ein uneheliches Kind durch nachfolgende Ehe der Eltern die rechtliche Stellung eines ehelichen Kindes ohne weiteres erlangt, denn im vorliegenden Fall soll eben das Kind nicht erst ehelich werden, sondern ehelich sein. Praktisch zeigt sich der Unterschied darin, daß das Kind, falls es vor dem Eheschluß geboren wird, immerhin nach dem Geburtsregister als unehelich gilt und der Vater des Kindes nicht früher die Abänderung des Geburtsregisters für dasselbe beanspruchen kann, als bis er das Kind als von sich erzeugt anerkannt hat. (Vergl. auch Fall 2.)

**Fall 86.** (Schücks Civilrechtspraktikum Seite 22.)

Der Fall ist auf Grund des § 196 zu entscheiden. Es fragt sich, zu welcher von den in § 196 genannten Personenklassen der Tierbändiger gehört. Da der Beklagte sich auf § 196 Ziffer 9 stützt, so betrachtet er ihn offenbar als gewerblichen Arbeiter. Das Geschäft des Menageriebesitzers ist unbedenklich als Gewerbebetrieb anzusehn. Ein Tierbändiger ist vom Menageriebesitzer dauernd angestellt zur Zähmung, Abrichtung und Vorführung von Tieren. Er steht also zu ihm in einem Dienstvertragsverhältnis im Sinne der §§ 611 fg., vielleicht könnte man auch Werkvertrag annehmen. Daher würde ich den Tierbändiger unter die gewerblichen Arbeiter im Sinne des § 196 (Gew.O. §§ 105 fg.) zählen.

Der Menageriebesitzer kann also mit seiner Verjährungseinrede nach § 196 Ziffer 9, wenn die sonstigen Voraussetzungen dieser Vorschrift vor=

liegen, gegenüber dem Tierbändiger durchdringen und dieser muß dann mit seiner Klage auf rückständige Gage abgewiesen werden.

Abgesehen von § 196 Ziffer 9 würde sich der Menageriebesitzer auch auf § 196 Ziffer 8 stützen können, dies aber nur, wenn man sein Verhältnis zum Tierbändiger als Dienstvertrag ansieht. (Siehe darüber die Fälle des II. Teils.)

**Fall 88.** (Schücks Civilrechtspraktikum Seite 22.)

Zwischen dem Rheder und dem Kapitän des Schiffes besteht ein Dienstvertragsverhältnis nach §§ 611 fg., nach außen hin hat der Kapitän vom Rheder Vertretungsmacht nach §§ 164 fg. zu allen Geschäften, die zur Führung eines Schiffes nötig sind.

Die Hauptfrage des Falls ist die, ob den Kapitän bei der Führung des Schiffes ein Verschulden trifft. Bis zu dem Morgen, an welchem er den Anker lichten will, um die Reise fortzusetzen, hat der Kapitän X. das Schiff gut geführt, insbesondere hat er zur Einfahrt in den Hafen einen Lotsen bestellt. Auch ist es anzuerkennen, daß X., als sich zeigt, daß sich um den Anker ein Drahtseil gewunden hat, dieses nicht ohne weiteres abschneidet, sondern erst versuchen läßt, ob man den Anker von dem Seile befreien könne. Wenn aber der Kapitän das Seil schließlich doch abschneiden läßt, so ist das auch noch fahrlässig. Dem Kapitän mußte schon auffallen, daß das Seil ein Drahtseil war. Schiffe haben dagegen, wie er wissen konnte, gewöhnlich nur Bastseile. Ferner spricht aber dafür, daß er die Möglichkeit, durch das Zerschneiden des Seiles eine fremde Sache zu beschädigen voraussah oder voraussehen mußte, der Umstand, daß der Lotse vorher darauf hingewiesen hatte, daß in der Gegend, wo sich das Schiff zur Zeit befand, ein Telegraphenkabel liegt. Der X. darf also nicht ohne weitres vermuten, daß das fragliche Seil zu einem Schiffswrack gehört. (Ein Schiffswrack ist eine herrenlose Sache, darüber durfte X. verfügen.) X. hat also die im Verkehr erforderliche Sorgfalt, indem er das Seil durchschneiden ließ, außer Acht gelassen. Somit handelte er fahrlässig (§ 276).

Es fragt sich weiter, auf Grund welcher Bestimmungen für diesen Schaden der Gesellschaft zu haften ist. Das fragliche Kabel ist eine fremde Sache und diese hat X. fahrlässigerweise beschädigt. Hierfür kann gehaftet werden auf Grund eines Vertrags oder einer unerlaubten Handlung. Ein Vertrag liegt nun offenbar nicht vor, wohl aber eine unerlaubte Handlung im Sinne des § 823. Dazu gehört noch, daß die Beschädigung widerrechtlich geschah. Ein Recht zum Abschneiden des Seils hat X. offenbar nicht. Nun wußte zwar X. nach seiner Aussage nichts hiervon, sondern hielt das Seil für eine res nullius. Er hätte aber wissen müssen, daß er das Seil nicht als solche behandeln durfte. Er handelt also widerrechtlich. Somit liegen die Voraussetzungen des § 823 vor und der Kapitän haftet demgemäß der Gesellschaft für Schadensersatz.

Wenn X. seine Haftpflicht bestreitet, so kann er sich vor allem darauf stützen, daß er die Widerrechtlichkeit seiner Handlung in Abrede stellt. Diese wird durch das Vorliegen einer Notlage im Sinne des § 228 ausgeschlossen. X. kann behaupten, er habe das Schiff ohne das Durchschneiden des Kabels nicht fortbringen können, er habe also das Kabel selbst auf die Gefahr hin, eine fremde Sache zu beschädigen, durchschneiden müssen. Eine Notlage ist aber hier nicht vorhanden, weil die Beschädigung zur Abwendung der Gefahr nicht unbedingt notwendig war, wie es § 228 verlangt. X. konnte z. B., um sein Schiff wieder flott zu machen, sein eigenes Ankerseil durchschneiden und späterhin dafür von der Gesellschaft Ersatz fordern. Der Schaden, den X. dadurch erleidet, steht auch nicht außer Verhältnis zu der Gefahr. Fraglich dürfte auch sein, ob überhaupt darin, daß sich die Seile verwickeln, eine Gefahr im Sinne des § 228 zu erblicken ist. Somit wird man das Vorliegen des § 228 jedenfalls verneinen müssen. Infolgedessen ist die Widerrechtlichkeit der Handlung und die Anwendbarkeit des § 823 zu bejahn.

Weiter ist die, wenn auch hier weniger wichtige Stellvertretungsfrage zu erörtern. Die Klägerin wendet sich mit der Klage nicht gegen den Kapitän, sondern gegen den Rheder des Schiffes. Es ist also festzustellen, ob dieser für das Verschulden des Kapitäns zu haften hat. Der Kapitän hat, wie schon bemerkt, nach außen hin vom Rheder Vollmacht zur Führung des Schiffs erhalten. Man kann daher sagen, daß er zu den in § 831 genannten zu einer Verrichtung Bestellten gehört. Nach § 831 Abs. 1 S. 1 haftet daher der Rheder für den Schaden, den H. bei Ausführung der Verrichtung dem Dritten widerrechtlich zufügt. Der Rheder kann sich aber auf die Klage der Gesellschaft hin mit der Einrede des § 831 Abs. 1 S. 2 verteidigen, indem er nämlich behauptet, daß er bei Auswahl des Kapitäns die in Verkehr erforderliche Sorgfalt beobachtet habe. Diese Einrede muß er aber natürlich beweisen. Gelingt ihm der Beweis nicht, so haftet er nach § 840 neben dem Kapitän der Gesellschaft als Gesamtschuldner.

**Anm. 1.** Kann die Schadensersatzklage der §§ 823 fg. auch gegen die Matrosen gerichtet werden? Auch sie würden nach §§ 831, 840 verb. mit § 823 als eigentliche

Schadenszufüger haften müssen. Man wird nicht sagen können, daß sie einfach Werkzeuge des Kapitäns sind. Sie dürfen vielmehr Befehle, die fremde Rechte verletzen, nicht ausführen, obgleich sie im übrigen dem Kapitän zum Gehorsam verpflichtet sind. Sie würden sogar, wenn sie den Schaden nicht auf Anordnung des Kapitäns zugefügt hätten, möglicherweise ganz allein haften. Denn dann haftet der Rheder des Schiffes überhaupt nicht, da die Matrosen zu ihm in gar keinem Verhältnis stehn, und der Kapitän haftet gemäß § 831 als Geschäftsherr, kann sich aber durch den Gegenbeweis des § 831 Abs. 1 Satz 2 befreien. Läge dieser Fall vor, so wäre dies natürlich für die Gesellschaft nachteilig, denn von den Matrosen wird die Entschädigung im Zweifel nicht leicht zu erlangen sein.

**Anm. 2.** Angenommen, der Eigentümer des Schiffs wäre ein Rheder im Sinne des Art. 450 H.G.B. (alter Fassung), der auch jetzt noch gilt, so würde man nach §§ 451, 452 Ziffer 3 H.G.B. zu dem Resultat kommen, daß den Rheder nicht ganz dieselbe Haftung trifft, wie nach B.G.B. Vielmehr haftet danach der Rheder für den Anspruch des Dritten nicht persönlich, sondern nur mit Schiff und Fracht, falls der Anspruch auf das Verschulden einer Person der Schiffsbesatzung gegründet wird.

**Fall 89.** (Schücks Civilrechtspraktikum Seite 23.)

Der Fall bildet ein lehrreiches Beispiel für die Frage der Anwendbarkeit der §§ 226 fg. verbunden mit §§ 823 fg. Der Löwe in der Menagerie ist ein gefangenes wildes Tier im Sinne von § 960. Durch den Ausbruch wird er zu einem solchen, welches nach § 960 Abs. 2 die natürliche Freiheit wieder erlangt hat. Trotz des Ausbruchs wird aber hier der Löwe nicht herrenlos, denn die Leute des Eigentümers verfolgen ihn sofort. Die Frage ist nun zunächst: Haftet der Leutnant A., wenn er den Löwen erschießt, dem Eigentümer derselben, also dem Menageriebesitzer auf Schadensersatz? Da ein Vertragsverhältnis, aus dem gehaftet werden könnte, ausgeschlossen ist, so handelt es sich nur darum, ob eine Schadensersatzpflicht auf Grund von § 823 in Betracht kommt. Daß eine vorsätzliche Verletzung fremden Eigentums vorliegt, ist zweifellos, diese ist aber auch widerrechtlich, weil sie wider Willen — jedenfalls wieder den vermutlichen Willen — des Eigentümers erfolgt. Diese Widerrechtlichkeit würde wegfallen, wenn A. nachwiese, daß er auf Grund der Vorschriften der §§ 226—231 gehandelt habe. Hier käme insbesondere der Selbstschutz des § 228 in Betracht. Darauf kann sich A. aber nicht stützen, denn die Tötung hatte er nicht nötig, um eine drohende Gefahr von sich oder anderen abzuwenden. Für andere ist eine Gefahr deshalb nicht vorhanden, weil, wie besonders hervorgehoben wird, der Marktplatz um die fragliche Zeit völlig menschenleer ist, weil ferner der Löwe sich am Brunnen niedergelegt hat, um sich zu sonnen, sich also offenbar nicht in gereiztem Zustande befindet und endlich, weil der Löwe von den Leuten des Eigentümers, die doch vermutlich im Wiedereinfangen des Löwen nicht ungeübt sind, verfolgt wird. Für den A. selbst ist natürlich noch weniger eine Gefahr vorhanden, da er sich in seiner eine Treppe hoch gelegenen Wohnung befindet. Daß das Motiv des A. ein ganz anderes war, zeigen auch die Worte „erfreut einen Löwen schießen zu können". Es reizt ihn also nur die Jagdfreude.

*α*) A. hat also zunächst dem Eigentümer des Löwen nach §§ 823 fg. Schadensersatz zu leisten. Art und Umfang desselben regeln sich nach §§ 249 fg. Danach ist hier nur noch Geldentschädigung nach §§ 249 Abs. 2, 251 möglich. Nach § 252 beträgt diese das volle Interesse, das ist, falls der Eigentümer den Körper behalten will, die Differenz zwischen dem Wert des lebendigen und toten Löwen. Bei Beachtung des Werts des ersteren ist der Wert anzunehmen, den der Löwe für einen Menageriebesitzer hat, dabei ist auch der durch die Tötung ihm eventuell entgangene Gewinn zu berechnen. Der Wert des toten Löwen liegt hauptsächlich in seinem wertvollen Fell.

*β*) Gegenüber der Stadtgemeinde hat A. durch Beschädigung des Brunnens ebenfalls eine Eigentumsverletzung begangen. Diese ist aber keine vorsätzliche, sondern eine fahrlässige. Fahrlässig handelt nach § 276, wer die im Verkehr erforderliche Sorgfalt außer Acht läßt. A. wußte nun, wie ausgeführt, sehr wohl, daß er auf den Löwen nicht schießen durfte, er kannte aber auch die Wirkung eines modernen Gewehrs und konnte daher voraussehn, daß eine Beschädigung des Brunnens sehr leicht eintreten konnte. Wenn er trotzdem schießt, so muß er das verantworten. Somit liegt auch hier der Tatbestand des § 823 vor. Art und Umfang des Schadensersatzes regeln sich wiederum nach §§ 249 fg. Auf Verlangen der Stadtgemeinde hat also A. nach § 249 den Brunnen wiederherzustellen, mit deren Einverständnis kann er sich nach § 249 Satz 2 durch Geldentschädigung abfinden.

Der Brunnen war der Stadt u. s. w. Bezüglich der Schadensersatzpflicht für das Relief gilt zunächst dasselbe, wie unter *β*). Es wäre aber hier bezüglich der Art und des Umfangs des Schadenersatzes zu erwägen, ob nicht, falls der Gläubiger — also die Stadtgemeinde — nach § 249 auf Wiederherstellung des früheren Zustandes bestehen sollte, die Anwendung des § 251 Abs. 2 am Platze wäre. Dies möchte ich bejahn. Diese Vorschrift soll die Strenge der Schadensersatzpflicht ausnahmsweise in dem Falle mildern, wenn die Herstellung des Beschädigten nur mit unverhältnismäßigen Aufwendungen möglich ist. Das Marmorrelief ist ferner der

Stadt von einem reichen Mitbürger geschenkt werden. Das Interesse der Stadt an der Wiederherstellung gerade dieses Reliefs ist nicht so groß, wie wenn dasselbe von ihr selbst zu einem ganz bestimmten Zweck hergestellt worden wäre. Es mag also hier genügen, wenn A. einen Geldersatz leistet, der zur Herstellung eines einfachen, weniger kostbaren Reliefs hinreicht.

# Zweites Buch.

# Recht der Schuldverhältnisse.

**Fall** 92. (Schücks Civilrechtspraktikum Seite 24.)

Der zwischen dem Amtsrichter und dem Musiklehrer abgeschlossene Vertrag ist ein gewöhnlicher gegenseitiger Vertrag nach § 320. Der Inhalt des Vertrags besteht darin, daß sich der Musiklehrer verpflichtet, in den Monaten Oktober bis März nach 7 Uhr abends keinen Musikunterricht in seiner Wohnung zu erteilen, der Amtsrichter dagegen dazu, hierfür alsbald eine Entschädigung von 100 M. zu zahlen. Die Leistung des Musiklehrers besteht also in einer Unterlassung, was nach § 241 dem Gesetze nicht widerspricht. Der Amtsrichter hat nun seine Leistung durch Zahlung der 100 M. schon bewirkt, er hat also vorgeleistet und kann nach § 320 die Gegenleistung — also Unterlassen des Spiels — verlangen. Für diese ist, wie ohne weitres klar ist, eine Zeit nach dem Kalender im Sinne des § 284 Abs. 2 bestimmt, es ist dies die Zeit vom 1. Oktober bis 31. März nach 7 Uhr abends. Wenn nun der Musiklehrer trotzdem in der fraglichen Zeit wieder spielt, so erfüllt er den Vortrag nicht. Nach § 284 Abs. 2 kommt der Schuldner — und der Musiklehrer ist hier Schuldner in Bezug auf das Nichtspielen — dadurch ohne Mahnung in Verzug. Daher trifft ihn die für den Verzug geltende strenge Haftpflicht. Der Amtsrichter kann daher folgendermaßen gegen den Musiklehrer vorgehn:

1) Der Amtsrichter kann nach § 286 den durch den Verzug ihm entstandenen Schaden ersetzt verlangen. Art und Umfang des Schadensersatzes, sowohl aus Vertrag, wie aus Delikt, richten sich nach den §§ 249 fg. Bei Anstellung dieser Klage muß aber der Kläger nach § 253 einen Vermögensschaden erlitten haben, das ist bei dem Amtsrichter — vermutlich,

s. u. — nicht der Fall, er erleidet vielmehr nur einen sogenannten Affektionsschaden. Dessen Ersatz kann nach § 253 nicht erlangt werden. Die Anstellung dieser Klage ist also dem Amtsrichter nicht zu empfehlen.

2) Nach den speziellen Bestimmungen über den Verzugsfall bei gegenseitigen Verträgen in § 326 kann der Gläubiger dem Schuldner eine angemessene Frist zur Bewirkung der Gegenleistung setzen mit der Erklärung, daß er die Annahme der Leistung nach Ablauf der Frist ablehne. Als angemessene Frist würde ich hier eine solche von 3 Tagen erachten. Nach erfolglosem Ablauf der Frist kann der Gläubiger nach § 326 Satz 2 Schadensersatz wegen Nichterfüllung verlangen oder von dem Vertrage zurücktreten, der Anspruch auf Erfüllung ist dagegen ausgeschlossen. Da aber die Forderung auf Schadensersatz wiederum nach den §§ 249 fg. zu beurteilen ist, die einen Vermögensschaden voraussetzen, der Amtsrichter aber einen solchen vermutlich nicht erleidet, so ist auch von diesem Vorgehn abzusehn. Es bleibt also nach § 326 noch das gesetzliche Rücktrittsrecht. Auf dieses finden nach § 327 die Regeln des vertragsmäßigen Rücktrittsrechts Anwendung (§§ 346—56). Danach würde der Amtsrichter die gezahlten 100 M. zurückerhalten, der Musiklehrer könnte aber, da er an einen Vertrag nicht mehr gebunden wäre, weiterspielen. Damit ist also dem Amtsrichter auch nicht zu helfen, denn seine Absicht geht ja gerade dahin, den Lehrer zum Unterlassen des Spiels zu bestimmen. § 326 Abs. 2 kommt auch nicht in Betracht, da die Leistung für den Amtsrichter gerade ein sehr großes Interesse hat.

3) Der Amtsrichter kann endlich nach § 241 die gewöhnliche Vertragsklage auf Erfüllung ohne damit verbundenen Schadensersatz gegen den Lehrer anstellen. Diese allein führt ihn zum Ziel. Daraufhin wird der Lehrer verurteilt, in der fraglichen Zeit keinen Musikunterricht mehr in seiner Wohnung zu erteilen. Das Urteil würde etwa lauten: Beklagter hat von Oktober bis März nach 7 Uhr abends den Musikunterricht zu unterlassen. Außerdem ist dem Amtsrichter zu empfehlen, nach § 890 der C.P.O. zu beantragen, den Musiklehrer für jeden Fall der Zuwiderhandlung zur Zahlung einer Geldstrafe zu verurteilen. Demgemäß kann das Gericht erster Instanz auf Antrag des Amtsrichters erkennen, daß der Lehrer zur Unterlassung des Spiels durch Geldstrafen oder Haft anzuhalten ist. Diese Geldstrafen können einen Gesamtbetrag bis 1500 M. erreichen, die Haft kann einen solchen von 2 Jahren erreichen. Diese Androhung kann sowohl im Klagantrag als auch nach Erlaß des Urteils im Zwangsvollstreckungsverfahren geschehen, der Zweck wird aber natürlich am schnellsten

erreicht, wenn sie gleich in der Klagschrift beantragt wird und im Urteil erfolgt. Allerdings ist zur Verurteilung noch ein besonderer Antrag nötig.

Kann der Musiklehrer einwenden u. s. w.? Dieser Einwand ist unerheblich nach § 242 verb. mit §§ 157, 133. Nach § 242 hat der Schuldner — also der Musiklehrer — so zu erfüllen, wie es Treu und Glauben mit Rücksicht auf die Verkehrssitte erfordern. Nach § 157 ist der Vertrag demgemäß auszulegen und nach § 133 ist bei dieser Auslegung der Willenserklärung der wirkliche Wille des Erklärenden zu erforschen und nicht an dem buchstäblichen Sinne des Ausdrucks zu haften. Der Wille des Amtsrichters, wie des Musiklehrers ist aber kurz zusammengefaßt der: Es soll in der fraglichen Zeit überhaupt kein Anfängerspiel geduldet werden, da dieses einen geistig arbeitenden Mann, wie den Amtsrichter, in der Arbeit stört. Auf das im Vertrag gebrauchte Wort „unterrichten“, an dessen buchstäblichen Sinn sich der Musiklehrer klammert, kommt es dagegen nicht an. Auch Künstler, die schon vollendet gut spielen, lassen sich unterrichten, und deren Spiel würde wahrscheinlich nicht als Unterricht im Sinne dieses Vertrags in Betracht kommen. Dagegen liegt bei einem Turnlehrer, der noch nicht weit vorgeschritten ist, ohne Zweifel ein solches vor, und dieses fällt unter das im Vertrag genannte Unterrichten, auch wenn der Musiklehrer den Turnlehrer nicht unterrichtet, sondern mit ihm vierhändig spielt. Der Einwand des Musiklehrers ist also unwirksam.

**Anm.** Nicht unbeachtet soll hier die Frage des sogenannnten schutzwürdigen Interesses bleiben. Wie im Fall öfter erwähnt, hat der Amtsrichter an der Leistung des Lehrers vermutlich kein Vermögensinteresse. Es sind daraus bereits oben wichtige Konsequenzen gezogen worden. Zu erwägen ist aber in derartigen Fällen auch, ob überhaupt ein klagbarer Vertrag vorliegt. Aus § 241 ergibt sich, daß für die Klagbarkeit das Vorliegen eines Vermögensinteresses nicht erforderlich ist, sondern daß ein sogenanntes „schutzwürdiges Interesse“ genügt. Da ein solches hier zweifellos vorliegt, habe ich die Frage oben nicht erörtert und ohne weiteres Klagbarkeit nach § 320 angenommen. (Vergl. Matthiaß, Band I, S. 297, Stammler, Recht der Schuldverhältnisse, S. 1—7.) Übrigens ist auch ein Vermögensinteresse des Amtsrichters denkbar, z. B. wenn die Belästigung Krankheiten u. s. w. zur Folge hat.

**Fall 94.** (Schücks Civilrechtspraktikum Seite 24.)

Die Lösung des Falls beruht auf § 253. Danach ist, wenn Schadensersatz zu leisten ist, nur der Vermögensschaden zu ersetzen, ein anderer nur in bestimmten Fällen. Insbesondere ist der sogenannte Affektionsschaden nicht zu ersetzen, das heißt ein Schaden, der für den Einzelnen nur infolge einer besonderen Liebhaberei in Betracht kommt. Nach § 833 hat nun zwar der Eigentümer des Hundes ohne Zweifel für die Beschädigung, die dieser veranlaßt, auch ohne ein etwaiges Verschulden seinerseits zu haften. Der Schaden ist aber hier sehr gering, denn die Katze ist so gut wie wertlos, sie ist nur einige Pfennige wert. Außer diesen kann also die Frau nach § 253 vom Eigentümer keinen Schadensersatz verlangen. Insbesondere kann sie nicht 100 M. verlangen, denn diesen Wert hat die Katze vielleicht für die Frau als Katzenliebhaberin, nicht aber für den Verkehr.

Wenn der Herr den Hund auf die Katze hetzt, so bleibt die Lösung dieselbe. Denn nach § 833 ist es gleich, ob bloßes Halten, oder vorsätzliches oder fahrlässiges Hervorrufen des Schadens vorliegt. In diesem Falle soll also das bloße Halten des Tieres schon so angesehn werden, als wenn der Eigentümer desselben den Schaden verschuldet hätte. (Anders früher im Römischen Recht, wo im Falle des dolus ausnahmsweise sogar für das Affektionsinteresse gehaftet wurde.) Es ist das, wie die Motive des B.G.B. ergeben, eine im Interesse des Verkehrs gegebene Vorschrift (eine sogenannte gesetzliche Fiktion).

**Fall 98.** (Schücks Civilrechtspraktikum Seite 26.)

Zwischen A. und B. liegt eine sogenannte Alternativoblikation im Sinne des § 262 vor. Bei dieser steht im Zweifel dem Schuldner — das ist hier der A. — das Wahlrecht zu. Das ist hiernach noch besonders von den Parteien verabredet, obgleich es nach § 262 gar nicht nötig ist. A. hat sich nun für den Wein entschieden und dies dem B. erklärt, wie nach § 263 erforderlich ist. Diese Erklärung ist nach § 263 Abs. 2 unwiderruflich. A. hat also nach Erklärung der Wahl kein Variationsrecht mehr. Er kann daher nicht nach derselben den Spiritus liefern (vergl. Kom. von Rosenthal, Anm. 25 zu § 263). Damit ist die erste Frage erledigt.

A. übt das Wahlrecht nicht aus. Er wird daher auf die Klage des B. hin nicht, wie infolge eines Druckfehlers im Texte gesagt ist, auf Zahlung des Kaufpreises gegen Empfangnahme von 200 Litern Apfelwein oder Spiritus, sondern zur Lieferung von 200 Litern Apfelwein oder Spiritus gegen Empfangnahme des Kaufpreises verurteilt. Trotzdem wählt er nach Erlaß dieses Urteils nicht. Demgegenüber ist B. noch nicht berechtigt, selbst zu wählen, sondern nach § 264 ist er dies erst, wenn er aus dem vollstreckbaren Urteil die Zwangsvollstreckung gegen A. betreibt. Dann kann er diese nach seiner Wahl auf die eine oder andere Leistung richten.

Wenn Gegenstand der Leistung u. s. w.? Dann findet § 265 Anwendung. Er ist dann eine der Leistungen später unmöglich geworden, nämlich die der Kuh. Die Leistung des A. beschränkt sich somit auf das Pferd. Es fragt sich nur, ob nicht § 325 vorliegt, ob also nicht B. den Tod der Kuh zu vertreten hat. Dies ist zu verneinen, denn die Kuh, die sich übrigens vor der Übergabe vermutlich noch bei A. befindet, geht dort durch casus (höhere Gewalt, vis major, eine Art casus) zu grunde. Anders läge der Fall, wenn Pferd und Kuh noch nicht von B. ausgewählt wären, was hier nicht zu vermuten ist (vergl. Fall 113). Dann griffe § 265 nicht ein, sondern A. müßte an Stelle der krepierten Kuh auf Verlangen des B. eine andere leisten.

**Fall 101.** (Schücks Civilrechtspraktikum Seite 27.)

Nach § 266 ist der Schuldner zu Teilleistungen nicht berechtigt, der Gläubiger kann sie daher ablehnen. (Anders im Wechselrecht, vergl. W.O. Art. 38.) B. hat am 1. Januar 1901 eine Teilzahlung von 700 M. gemacht. Da A. die Teilzahlung angenommen hat, so ist nach § 266 (e contrario) damit diese Teilzahlung und somit auch die davon abhängige entsprechende Zinsenzahlung als von A. genehmigt anzusehn. Also kann B. nur von der Restforderung von 300 M. Zinsen seit dem 1. Januar 1901 fordern. Bezüglich der Zinsen von 700 M. wird er abgewiesen.

**Anm. 1.** Belaufen sich diese Zinsen, wie A. annimmt, auf 5%? Nach § 288 Abs. 1 Satz 1 ist eine Geldschuld während des Verzugs (dieser liegt hier trotz fehlender Mahnung vor, da eine Zeit nach dem Kalender im Sinne des § 284 Abs. 2 bestimmt ist) mit 4% zu verzinsen. Nach § 288 Abs. 1 Satz 2 können aber hier 5% Zinsen seitens des A. verlangt werden, denn der Zinsvertrag beim Darlehn — ein solcher liegt hier vor — ist ohne Zweifel ein „andrer Rechtsgrund", aus dem höhere Zinsen gefordert werden können.

**Anm. 2.** Zur Erläuterung der Zinsenfrage diene noch folgendes: Die Verzugszinsen bilden eine Art der gesetzlichen Zinsen des § 246. Auch diese betragen 4%. Hierunter fallen auch die sogenannten Prozeßzinsen, das sind die während des Prozesses entstehenden Zinsen, die man ebenfalls als Verzugszinsen ansehn kann, da die Klagzustellung zugleich eine Mahnung enthält und daher jeder, der auf die Klage hin verurteilt wird, mindestens vom Tage der Klagzustellung an als im Verzuge befindlich zu betrachten ist. Gläubiger, die die Mahnung nicht oder nicht leicht beweisen können, oder den Schuldner schonen wollen, pflegen überhaupt nur Zinsen vom Tage der Klagzustellung ab zu verlangen.

Andere Fälle gesetzlicher Zinszahlung sind z. B. die in den §§ 256, 347 a. E. 452, 641 Abs. 2, 668, 698, 820, 849, 1133, 1834 enthaltenen Fälle, auch die im H.G.B. §§ 352 fg. enthaltenen Zinsen gehören hierher. Im Handelsrecht betragen die gesetzlichen Zinsen 5%, dagegen sind Wechselschulden mit 6% zu verzinsen. (Art. 50 und Art. 51 der W.O.)

**Fall 102.** (Schücks Civilrechtspraktikum Seite 27.)

§ 267 spricht von dem Fall, daß der Schuldner nicht in Person zu leisten hat, sagt aber nicht, in welchem Falle dies zu geschehn hat. Es ist daher in jedem einzelnen Falle nach den allgemeinen Grundsätzen über die Auslegung der Verträge und Willenserklärungen (§§ 157, 133) und nach Treu und Glauben (§ 242) zu entscheiden (vergl. auch Fall 92). Das Malen einer Wanddekoration ist nun Freskomalerei, also kein einfaches mechanisches Malen, sondern ein solches, welches künstlerische Eigenschaften voraussetzt. Dem A. ist also vermutlich beim Vertrage wesentlich, daß gerade der von ihm beauftragte Maler, den er noch dazu als den berühmten Landschaftsmaler B. kennt, diese Leistung bewirkt. So erfordert es Treu und Glauben mit Rücksicht auf die Verkehrssitte. B. darf also die Arbeit nicht durch C. ausführen lassen.

Man kann nach Obigem nur auf Grund der Vorschriften des allgemeinen Teils zur Entscheidung gelangen. Für das vorliegende Vertragsverhältnis — es ist ein Werkvertrag im Sinne der §§ 631 fg. — sind keine besonderen Vorschriften für die Frage der persönlichen Leistung gegeben.

**Fall 103.** (Schücks Civilrechtspraktikum Seite 27.)

Es liegt ein Kaufvertrag zwischen A. in X. und B. in Y. vor. A., der Verkäufer und als solcher Schuldner bezüglich der Lieferung der Waare ist, hat seine Leistung bewirkt, nicht dagegen B., der als Käufer Schuldner bezüglich des Kaufpreises ist. B. hat dem A. die Waren zur Verfügung gestellt. Nun klagt der Verkäufer A., da er offenbar den Mangel bestreitet, gegen B. auf Zahlung des Kaufpreises. Diese Klage erhebt er am Amtsgericht in X. Nach § 29 der C.P.O. ist für Klagen auf Erfüllung eines Vertrags — eine solche erhebt A. — das Gericht des Ortes zuständig, wo die streitige Verpflichtung zu erfüllen ist. Die streitige Verpflichtung ist nun hier die des B. zur Zahlung des Kaufpreises. Nach § 269 hat diese Zahlung an dem Orte zu erfolgen, an welchem der Schuldner — also B. — zur Zeit der Entstehung des Schuldverhältnisses seinen Wohnsitz hatte. Das ist Y. Nach § 269 hat also A. gegen B. nicht in X., sondern in Y. zu klagen. A. beruft sich demgegenüber darauf, daß nach § 270 Abs. 1 der Schuldner Geld im Zweifel auf seine Gefahr und Kosten dem Gläubiger an dessen Wohnsitz zu übermitteln hat, daß also Geldschulden im Gegensatz zur Regel nicht sogenannte Holschulden, sondern sogenannte Bringschulden sind. Nach § 270 Abs. 4 bleiben aber trotzdem die Vorschriften über den Leistungsort unberührt. Obgleich also zwar B. verpflichtet ist, dem A. den Kaufpreis auf seine Gefahr hin und franko nach X. zu schicken, so bleibt doch Y. Leistungsort nach § 269, denn in Y. hatte B. zur Zeit der Entstehung des Schuldverhältnisses seinen Wohnsitz. B. kann daher verlangen, daß die Klage gegen ihn am Amtsgericht in Y. angebracht wird. B. macht also mit Recht die prozeßhindernde Einrede der Unzuständigkeit des Gerichts nach § 274 Ziffer 1 C.P.O. gegen A. geltend.

**Anm.** Da es sich um einen Amtsgerichtsprozeß handelt, kann B. auf Grund dieser Einrede die Verhandlung zur Hauptsache nicht verweigern (§ 504 C.P.O.). Anders im Landgerichtsprozeß. Hier kann der Beklagte auf Grund der Einrede nach § 275 C.P.O. die Verhandlung zur Hauptsache verweigern und das Gericht auf Antrag oder von Amts wegen die abgesonderte Verhandlung anordnen.

Fall 108. (Schücks Civilrechtspraktikum Seite 28.)

Zwischen der A. und B. besteht ein Frachtvertrag im Sinne des § 425 H.G.B., für welchen ergänzend die Vorschriften des B.G.B. über den Werkvertrag (§§ 631 fg.) Anwendung finden. Hierbei ist für die Leistung des B. eine Zeit nach dem Kalender bestimmt, nämlich der 1. Juli, nachmittags 1 Uhr. Wenn daher B. nicht zur bestimmten Zeit leistet, kommt er ohne Mahnung in Verzug. (§ 284 Abs. 2.) Die A. kann also die für den Fall der Nichterfüllung und des Verzugs bei gegenseitigen Verträgen festgesetzten Rechte geltend machen. Da die Leistung für die A., nachdem sie sich an einen anderen Transportunternehmer gewendet hat, kein Interesse mehr hat, so kommt § 241 — also die Erfüllungsklage — und ebenso § 326 Abs. 1 nicht in Betracht. Auch der Rücktritt nach § 361 würde ihr nichts nützen (vorausgesetzt, daß überhaupt ein sogenanntes Fixgeschäft vorliegt). Sie fordert daher auf Grund von § 286 Abs. 2 verbunden mit § 326 von A. unter Ablehnung der Leistung Schadensersatz wegen Nichterfüllung. Die Hauptfrage ist nun die, ob die Höhe des von der A. geltend gemachten Schadensersatzes den Vorschriften der §§ 249 fg. entspricht.

Zunächst fordert die A. von B. 6 M. für eine Droschke. Da sie lahm ist, mußte sie ohne Zweifel fahren, was in Ermangelung anderer Verkehrsmittel am billigsten in der Droschke geschieht. Es ist auch richtig, daß eine solche von Berlin nach Schlachtensee 6 M. (mit Trinkgeld) kostet. Diese Forderung war also berechtigt. Weiter fordert die A. für die Reinemachfrau 2 M. Die Reinemachfrau war schon bestellt zu einer Zeit, in der die A. nicht voraussehen konnte, daß B. den Vertrag nicht erfüllen würde. 2 M. sind nun für einen ganzen Nachmittag nicht zu viel. Auch diese Forderung ist daher angemessen. Dagegen ist die Forderung von 6 M. für Nachtquartier für die A. und ganz besonders für ihre Begleiterin, die doch vermutlich eine untergeordnete Person ist, entschieden zu hoch. Dafür sind 3 M. für die Person angemessen, wenn auch für die Begleiterin bereits reichlich bemessen. Wenn ferner die A. mit ihrer Begleiterin zu 3 M. frühstückt, so ist auch dies nicht bei Leuten mittleren Standes — unter diese muß die Rentiere in Ermangelung besondrer Bestimmungen gerechnet worden — das Normale. Die A. muß dann schon ein Hotel ersten Ranges aufgesucht haben. In einem mittleren Hotel kostet das Frühstück für die Person 50—75 Pf., höchstens 1 M. (der sogenannte Café complet). Die Forderung der A. ist also um mindestens 1 M. zu hoch. Zu der Zuvielforderung der A. kommt aber noch hinzu, was die beiden Frauen für das Frühstück zu Haus gebraucht hätten. Ein Kaffee mit Semmel kostet ihnen da etwa 25 Pf., also sind noch 50 Pf. von der Forderung abzuziehn. Das Trinkgeld von 1 M. für eine Nacht an den Kellner ist ebenfalls zu hoch, dafür dürften 50 Pf. genügen. Es sind somit 8 M. von der Forderung abzuziehn. Der Rest von 16 M. ist der A. zuzuerkennen.

**Anm.** B. kann nicht geltend machen, daß er den Umstand, daß die A. lahm ist, da dies etwas Unnormales sei und er davon auch nichts gewußt habe, nicht zu vertreten brauche und daher für die Fahrt mit der Droschke nicht Schadensersatz zu leisten brauche. Denn die §§ 249 fg. gehen von dem Grundsatze aus, daß jeder Vermögensschaden zu ersetzen ist. (Die einzige Milderung dieser strengen Haftpflicht ist in § 251 Abs. 2 enthalten.) Der Anspruch der A. von 2 M. für die Waschfrau würde sich übrigens verringern oder ganz wegfallen, falls B. nachweist, daß diese auch anderswo in der fraglichen Zeit Anstellung gefunden hat. Denn dann hat die Waschfrau tatsächlich keinen Schaden in Höhe von 2 M. erlitten, sie kann also denselben der B. gegenüber auch nicht geltend machen. Bezahlt die A. ohne weitres die 2 M., so muß sie sich also trotzdem von B. den Abzug gefallen lassen, falls dieser den fraglichen Nachweis erbringt.

**Fall 113.** (Schücks Civilrechtspraktikum Seite 30.)

Zwischen A. und B. liegt ein Kaufvertrag nach §§ 433 fg. vor. A. ist nach demselben verpflichtet, den Tisch zu übergeben, und zur Abholung bereit zu halten, B. ist verpflichtet, den Tisch innerhalb von acht Tagen bei A. abzuholen (was sich aus § 269 ergibt, wonach Schulden im Zweifel Holschulden sind und im § 433 Abs. 2 für den Kauf noch besonders hervorgehoben wird) und den Kaufpreis von 100 M. zu zahlen. Diese Verpflichtung zur Abholung ist daher als eine Nebenverpflichtung aus dem Kaufvertrag anzusehn. Die Nichtabholung des Tisches seitens des B. ist also mindestens eine Nichterfüllung des Kaufvertrags, auf Grund welcher die Erfüllungsklage des § 241 auf Abnahme gegeben ist. Es fragt sich aber, ob es auch eine verschuldete Nichterfüllung ist, insbesondere, ob bei B. ein Verzug der Annahme vorliegt. (§§ 293—304.) Wenn im Vertrage verabredet worden ist, daß B. sich den Tisch innerhalb einer Frist von acht Tagen abholen solle, so liegt darin die Festsetzung einer Zeit nach dem Kalender. Nach § 284 Abs. 2 kommt also der Käufer B. der hier zugleich Gläubiger bezüglich der Lieferung und Schuldner bezüglich der Annahme ist, ohne Mahnung in Verzug. Daher ist, um den B. in Verzug zu setzen, die Aufforderung zur Abholung seitens des A., wie sie im Text erwähnt wird, gar nicht mehr nötig, dieselbe ist ohne jede rechtliche Bedeutung. Wenn nun nach Ablauf der Frist der Tisch verbrennt, so ist der Schuldner B. nach § 300 verbunden mit § 287 Satz 2 auch für die während des Verzugs durch Zufall eintretende Unmöglichkeit der Leistung verantwortlich. Hier liegt aber eine Art des Zufalls, nämlich höhere Gewalt vor, also muß B. dafür haften und den Tisch bezahlen. Auch der Ausnahmefall des § 287 liegt nicht vor, denn der Schaden wäre bei rechtzeitiger Abholung nicht eingetreten. A. hat also alle auf Grund des Verzugs gegebenen Rechtsbehelfe, wie sie in den §§ 286 fg., 326 bezeichnet sind. Er benutzt diese aber nicht, sondern erhebt die ihm vortheilhaftere Erfüllungsklage nach § 241 auf Zahlung des Kaufpreises. Auf diese hin muß B. zur Zahlung der 100 Mk. verurteilt werden, ohne daß er die Nachlieferung seines Tisches verlangen kann.

**Fall 127.** (Schücks Civilrechtspraktikum Seite 33.)

Zwischen dem Referendar A. und dem Schneider B. ist ein Werkvertrag nach §§ 631 fg. abgeschlossen worden. B. liefert hierbei den Stoff, weshalb auf den Vertrag nach § 651 die Vorschriften über den Kauf Anwendung finden. Bei diesem Vertrage ist nun verabredet worden, daß die Leistung innerhalb einer fest bestimmten Frist, nämlich der Frist vom 25. Januar bis 1. Februar, erfolgen soll. Es liegt daher ein sogenanntes Fixgeschäft im Sinne des § 361 vor. Demgemäß braucht nicht untersucht zu werden, ob ein Verzug — also eine schuldhafte Nichterfüllung — seitens des Schneiders B. vorliegt, sondern die bloße Tatsache, daß nicht zur bestimmten Zeit erfüllt worden ist, berechtigt den Käufer zum Rücktritt. Als eine Lieferung zu rechter Zeit ist es aber im äußersten Falle anzusehn, wenn der Frack in der Zeit vom 25. Januar bis zum 1. Februar, bis spätestens etwa 1 Stunde vor Beginn des Balls geliefert wird. Das ist nicht geschehn, der Frack ist nicht einmal zu Beginn des Balles und überhaupt nicht mehr am 1. Februar geliefert worden, sondern erst am nächsten Morgen. A. ist daher berechtigt, gemäß § 361 ein Rücktrittsrecht geltend zu machen. Er tut dies, indem er dem B. schreibt, daß er vom Vertrage zurücktrete und den Frack nicht mehr annehmen werde Wenn also B. den Frack trotzdem schickt, so ist A. berechtigt, den Frack zurückzuweisen. Wenn sich ferner A. in seiner Klage auf Zahlung darauf beruft, daß die Erkrankung seines besten Gesellen ihn an der rechtzeitigen Lieferung verhindert habe, so ist das unwesentlich, denn damit beruft er sich darauf, daß seinerseits kein Verzug, also kein Verschulden vorliege. Das ist aber, wie schon oben erwähnt, im Falle des § 361 gleichgültig. § 361 will gerade im Interesse der Sicherheit des Verkehrs einen Ausnahmefall von dem des § 326 schaffen, indem in § 361 bloße Nichterfüllung genügt, um die Gegenpartei zum Rücktritt zu berechtigen, während in den §§ 326, 286 stets Verzug, also schuldhafte Nichterfüllung trotz Fälligkeit und Mahnung vorausgesetzt wird.

Anm. Im Handelsrecht hat der auf die befristete Leistung Berechtigte im Falle des Fixgeschäfts noch weitergehende Rechte (vergl. H.G.B. § 376).

**Fall 125.** (Schücks Civilrechtspraktikum Seite 33.)

Der Vertrag zwischen dem Fahrgast und dem Eisenbahnfiskus ist ein Transportvertrag. (H.G.B. § 472.) Der Inhalt desselben ist für gewöhnlich ein doppelter, nämlich Transport der Person und Transport des Gepäcks (Handgepäcks) der Vertrag über Transport der Person ist ein Werkvertrag, der über Transport der Sachen ein Sachmietvertrag (genauer Raummietvertrag) verbunden mit einem Werkmietvertrag. Übrigens überwiegt dabei der Werkvertrag so sehr, daß m. E. die Annahme eines solchen allein auch nicht von der Hand zu weisen ist. Doch dies hier nur nebenbei.

Wenn nun der Diener B. im Auftrage seines Herrn — des A. — das Gepäck in den Wagen schafft und der Zug, während er damit beschäftig ist, abfährt, so fragt sich, ob dadurch ein Vertrag der obigen Art zwischen B. und dem Eisenbahnfiskus zustande kommt. Da B. keinen solchen abschließen will, sondern wider Willen mitfährt, möchte ich das verneinen. Auch möchte ich in dem nachherigen Lösen der Fahrkarte zu 20 Pf. seitens des B. noch keine nachträgliche Eingehung des Vertrags erblicken. B. will auch jetzt keinen Vertrag schließen. Sein Gedanke ist vermutlich der, daß er nicht umsonst gefahren sein will, die Zahlung der 20 Pf. kann von seinem Standpunkte aus als die Herausgabe einer ungerechtigten Bereicherung betrachtet werden, doch ist die Frage m. E. nicht wesentlich. Denn obgleich ein Vertrag m. E. nicht vorliegt, so kann B. doch nicht die Zahlung der in der Verkehrsordnung vom 15. November 1892 für das Fahren ohne Fahrkarte festgesetzte Strafe von 6. M. an den Bahnfiskus mit der Begründung verweigern, daß die gedachte Bestimmung eine Vertragsstrafe enthalte, ein Vertrag zwischen ihm und dem Fiskus aber nicht bestanden habe. B. stützt sich damit auf die Vorschrift des § 339, wonach für Verwirkung einer Vertragsstrafe ein Verzug des Schuldners — also eine schuldhafte Nichterfüllung, somit auch schuldhaftes Zuwiderhandeln gegen den Vertrag — vorliegen muß. Damit hat B. zwar recht, er muß aber trotzdem zahlen. Denn die von der Verkehrsordnung festgesetzte Strafe ist m. E. eine Ordnungsstrafe, die den Charakter einer Polizeistrafe hat, denn sie geht von der Verwaltung des Eisenbahnfiskus aus und dieser ist eine juristische Person des öffentlichen Rechts (insofern hat also diese juristische Person eine gewisse Polizeigewalt). Eine Ordnungsstrafe wird aber verwirkt durch bloßes Zuwiderhandeln. (Verschulden ist m. E. nicht erforderlich.) Auf den Grund desselben kommt es nicht an. Daher ist es hier auch gleichgültig, ob den B. ein Verschulden trifft oder nicht. Danach hätte B. die 6 M. zu zahlen. B. braucht aber diese aus einem anderen Grunde nicht zu zahlen. Denn er hat unaufgefordert dem Stationsvorstand gemeldet, weshalb er ohne Fahrkarte gefahren ist. Ich würde also den Tatbestand des § 21 Abs. 2 Satz 3 der Verk.O. als vorhanden annehmen, obwohl er dem Wortlaute nach eine kleine Differenz von dem vorliegenden aufweist. B. braucht also nur den gewöhnlichen Fahrpreis mit einem Zuschlag von 1 M. zu zahlen.

Übrigens würde dem B. im Falle der Annahme eines Vertrags, auch wenn die Strafe des Fiskus keine Strafe polizeilichen Charakters wäre, — vorausgesetzt, daß er die Meldung nicht erstattet hätte, und ihm die Verkehrsordnung daher nicht zu Hilfe käme — sein Einwand nichts nützen, da ihn ein Verschulden trifft. Denn wer einen Vertrag abschließt, muß die Bedingungen hierfür kennen und wenn für diese, wie besonders bei Staatseinrichtungen z. B. Post, Telegraph u. s. w. gedruckte Regulative vorhanden sind, so unterwirft er sich diesen bei Abschluß des Vertrags. Zu diesen Bedingungen gehören auch die Fahrzeiten der Züge. Diese werden im allgemeinen dem Publikum bekannt gegeben, insbesondere müssen sie ihm aber auf der Berliner Stadtbahn bekannt sein, da deren Züge in gleichmäßigen Abständen voneinander gehn. Wenn also B. zu lange im Wagen verweilt, obgleich er weiß oder wissen müßte, daß der Zug zu der bestimmten Zeit abfährt, so hat er den Umstand, daß er wider seinen Willen ohne Fahrkahrte fährt und zum Mitfahren gezwungen ist, selbst verschuldet und muß auch auf Grund des Vertrags, da er durch sein Zuwiderhandeln die Vertragsstrafe verwirkt hat, hiefür haften und die 6 M. an den Bahnfiskus zahlen.

**Anm.** Nach dem inneren Verhältnis zwischen dem A. und dem Diener B. ist nicht gefragt. Es ist instruktiv, zu untersuchen, ob dem B. ein Regreßrecht gegen seinen Herrn A. zusteht. B. handelt, wie der Text angibt, als Beauftragter des A., es fragt sich daher, ob § 670 Anwendung findet. Dies ist zu bejahn. Denn das Verweilen des B. ist zwar nicht im Auftrage des A. geschehn, wohl aber bei Gelegenheit der Ausführung des Auftrags. B. hat nun zwar die Aufwendung selbst verschuldet, es ist also keine Aufwendung, die er den Umständen nach für erforderlich halten darf, A. hat aber hier selbst an diesem Verschulden teilgenommen, denn unter seiner Aufsicht und mit seinem Willen ist B. so lange im Wagen geblieben. B. durfte darin sogar einen Auftrag zum Dableiben erblicken. Somit kann der Diener B. von seinem Herrn A. die von ihm gezahlten 6 M. 20 Pf. auf Grund des Auftragsverhältnisses nach § 670 ersetzt verlangen.

**Fall 131.** (Schücks Civilrechtspraktikum Seite 35.)

Zwischen X. und A. liegt ein Darlehnsvertrag nach §§ 607—10 vor. Dieser ist abgeschlossen mit Hingabe der Dahrlehnssumme. Diese ist hier erfolgt. Für die Rückzahlung der Summe stellt hierauf der Schuldner X. dem Gläubiger A. einen Schuldschein aus. Dieser wird nach § 952 Eigentum des Gläubigers. Mithin kann A. über den Schuldschein nach Belieben verfügen. Wenn X. die Forderung nach Eintritt der Fälligkeit der Schuld tilgen will und daher den Schuldschein nebst Quittung von A. herausverlangt, so ist er hierzu nach § 371 vollkommen berechtigt. Da nun A. nicht imstande ist, den Schuldschein herauszugeben, so kann X. von A. nach § 371 das öffentlich beglaubigte Anerkenntnis verlangen, daß die Schuld erloschen sei. Dieses bietet A. dem X. an. Trotzdem klagt X. auf Herausgabe des Schuldscheines. Diese kann er auch gegen Bezahlung der Schuld nicht erlangen, da A. nach § 952 Eigentümer desselben war und seine Verfügung darüber auch dem Dritten B. Eigentum überträgt. Weiter klagt X. auf Zahlung von 9000 M., indem er mit seiner Darlehnsschuld von 1000 M. gegen den von A. durch den Schuldschein gemachten Gewinn von 10000 M. aufrechnet. Es sind daher folgende zwei Fragen zu beantworten: a) Kann X. auf 10000 M. klagen? b) Wenn ja, kann er mit seiner Forderung von 10000 M. gegen die des A. von 1000 M. kompensieren? Beides ist zu bejahn. Zwar konnte A. nach § 952 über den Schuldschein als dessen Eigentümer verfügen. Aus einem Vertrag oder Delikt haftet er also für dessen Verkauf nicht. Eine Schadensersatzklage kann also die Klage des X. nicht sein. Wohl aber kann es eine Bereicherungsklage nach § 812 sein. Ein Rechtsgrund zur Übergabe des Schuldscheins an A. hat zwar früher bestanden, nämlich das mit der Hingabe des Darlehns verbundene Rückzahlungsversprechen. Der rechtliche Grund ist aber später durch das Angebot der Zahlung weggefallen. Es fragt sich nur, ob A. den Eigentumserwerb auf Kosten des X. gemacht hat. Das ist auch zu bejahn, denn X. hätte den Schein in derselben Weise verkaufen und dafür 10000 M. erhalten können. Daß er das getan hätte, ist sehr unwahrscheinlich, da ein Mann in der Stellung des X. sich selbst schädigen würde, wenn er mit seinem Autogramm Handel triebe. Aber eine Bereicherungsklage wird dadurch m. E. nicht ausgeschlossen. Es dürften also die Voraussetzungen des § 812, insbesondre der § 812 Abs. 1 S. 2 vorliegen. X. hat daher gegen A. einen Anspruch auf Herausgabe der Bereicherung. Diese beträgt, wie ohne weitres klar ist, 10000 M. Kompensieren kann X. nach §§ 387, 388, denn die fraglichen Forderungen von 10000 M. und 1000 M. sind als Geldforderungen gleichartig, sie sind beide fällig, und die Aufrechnung ist dem andern Teile gegenüber erklärt. Auch ist kein Hindernis der Aufrechnung darin zu erblicken, daß X. — also nicht der Gläubiger, sondern der Schuldner der Summe von 1000 M. — die Aufrechnung erklärt, denn der Zweck der §§ 387 fg. ist Vereinfachung des Prozeßbetriebs. Wenn aber A., wie hier gar nicht unbedingt aus dem Text hervorgeht, das Aufrechnungsrecht eventuell bestreitet, so tut er dies ohne jedes Interesse. Im Interesse der Vereinfachung des Prozeßbetriebs dürfte daher die Aufrechnung auch hier erlaubt sein. Somit kann X. mit der Forderung des A. von 1000 M. gegen seine eigene Forderung von 10000 M. gegen A. aufrechnen und demgemäß auf Zahlung von 9000 M. gegen A. klagen. Die Widerklage des A. auf 1000 M. wird dagegen abgewiesen. Damit sind die unter Nr. 1 zu beantwortenden Fragen erledigt.

Frage 2. Nach § 402 hat der neue Gläubiger C. nur einen persönlichen Anspruch gegen den Abtretenden — also den A. — auf Herausgabe der zum Beweise der Forderung dienenden Urkunden, aber nur, soweit sie sich in dessen Besitze befinden. Der A. hat aber den Schuldschein nicht mehr, denn er hat ihn an B. verkauft, also würde C. schon mit einer Klage gegen A., falls sie nur auf Herausgabe des Schuldscheins ginge, abgewiesen werden, umsomehr wird er es aber, wenn er gegen den rechtmäßigen Eigentümer B. klagt, da er zu diesem überhaupt in keinem Verhältnis steht. Auch eine Bereicherungsklage des C. gegen B. ist übrigens ausgeschlossen, da B. gar nicht bereichert ist, sondern einen sehr hohen Preis — vielleicht einen zu hohen — für den Schuldschein bezahlt hat. (Im Verkehr pflegen Autogramme von noch **lebenden** Personen im allgemeinen viel niedriger im Werte zu stehn, als die von Verstorbenen.)

**Fall 135.** (Schücks Civilrechtspraktikum Seite 36.)

a) Nach § 1357 hat die Ehefrau des A., indem sie Backwaren kaufte, im Bereiche ihrer Schlüsselgewalt gehandelt, denn sie handelte innerhalb ihres häuslichen Wirkungskreises. Das Geschäft gilt daher als im Namen des Mannes abgeschlossen. Die Voraussetzungen der §§ 387 fg. liegen im übrigen vor, denn beide Forderungen sind als Geldforderungen gleichartig, sie sind fällig und die Aufrechnung soll dem A. gegenüber noch erklärt werden. B. kann also mit seiner Kaufgeldforderung gegen die Mietsforderung des A. aufrechnen.

b) Hier kann nicht aufgerechnet werden, wenigstens nicht sofort, sondern erst am 1. März. Wenn B. sich schriftlich verpflichtet, dem A. am 1. März ein Darlehn von 1000 M. zu geben, so ist das ein Darlehnsvorvertrag im Sinne des § 610, also ein gewöhnlicher Vertrag, in welchem zugleich ein Schuldversprechen enthalten ist. Die Leistung des B. aus diesem Versprechen ist aber erst am 1. März 1901 fällig, die Klage wird dagegen, wie den Umständen zu entnehmen ist, vor dem 1. März angestellt. Die Klage ist also abzuweisen. Somit ist auch die Aufrechnung ausgeschlossen.

**Fall 147.** (Schücks Civilrechtspraktikum Seite 39.)

A. und B. haften dem C. als Gesamtschuldner nach § 421, ob aus einer teilbaren oder unteilbaren Leistung ist nicht gesagt, soll also gleichgültig sein, auch nicht, ob die Haftung sich auf einen Vertrag gründet oder nicht. Der Gläubiger C. kann demgemäß die Leistung nach Belieben von jedem der Schuldner ganz oder nur zu einem Teile fordern, und bis zur Bewirkung der ganzen Leistung bleiben sämtliche Schuldner verpflichtet. C. tritt nun seine Forderung, soweit sie sich gegen A. richtet, an D. ab. Dadurch — das soll bewiesen werden — kann C. nicht bewirken, daß die Schuldner A. und B. nur noch die Hälfte schulden, also B. dem C. die Hälfte und A. dem Cessionar D. die Hälfte, sondern es schulden weiter B.

dem C. das Ganze und A. dem D. das Ganze (§ 425). Das Gesamtschuldverhältnis ist also insofern modifiziert, aber nicht aufgehoben.

**Fall 152.** (Schücks Civilrechtspraktikum Seite 40.)

Indem A. behauptet, B. habe die 1000 Stück Zigarren bestellt und er, der A., habe sie ihm geliefert, stützt er sich mit seiner Klage in erster Linie auf einen Kaufvertrag. Über die Verteidigung des B. enthält der Text keine Angaben. Ich will daher annehmen, daß er alles bestreitet, also sowohl die Bestellung, als auch die Lieferung, ebenso natürlich, daß er die Zigarren geraucht habe. Indem B. die Bestellung bestreitet, bestreitet er den Abschluß des Kaufvertrags, denn dieser kommt zustande durch Bestellung (Antrag) und Annahme. Somit muß A. beweisen, daß eine Bestellung und daher auch ein Kaufvertrag vorliege.

1. Beweist A. die Bestellung, so müßte also über die Lieferung Beweis erhoben werden. In Bezug auf diese ist B. m. E. beweispflichtig, weil die Behauptung der Lieferung, wie ich annehme, nicht zur Klagbegründung gehört und daher die Behauptung der Nichtlieferung eine Einrede darstellt. (§ 320.) B. muß also beweisen, daß nicht geliefert worden ist. Gelingt ihm dies, so wird die Klage zwar nicht abgewiesen, wohl aber wird B. zur Zahlung gegen Lieferung verurteilt (§ 322), gelingt es ihm nicht, so wird B. glatt verurteilt. Die Frage, ob B. die Zigarren geraucht hat, kommt dann nicht in Betracht.

2. Beweist A. die Bestellung nicht, so kommt wieder die Lieferungsfrage in Betracht. Gelingt dem B. der ihm nach Nr. 1 obliegende Beweis der Nichtlieferung, so wird A. abgewiesen. Die Frage des Verbrauchs der Zigarren kommt auch in diesem Falle nicht in Betracht. Gelingt dem B. der Beweis der Nichtlieferung nicht — und damit komme ich zu dem Fall, den der Verfasser des Textes als den lehrreichsten wohl in erster Linie erörtert wissen will — so bleibt dem B. immer noch der Einwand, daß er zwar die Zigarren, nicht aber die in der Lieferung liegende Offerte des A. angenommen habe. Er kann also behaupten, daß keine Annahme im juristischen Sinne vorliege. Dafür ist B. m. E. jetzt beweispflichtig. Hier kommen wieder zwei Möglichkeiten in Betracht.

a) B. hat die Zigarren ruhig zu Haus stehen lassen. Dann braucht kein Vertrag zustande gekommen zu sein und zwar aus folgenden Gründen: Wenn man jemandem eine Ware unbestellt — gleichgültig ob mit oder ohne Rechnung — zusendet, so liegt hierin ein Angebot zum Abschluß eines Kaufvertrags unter Abwesenden. Wer eine solche unbestellte Sache erhält, muß daher — vorausgesetzt, daß er nicht Kaufmann ist, oder zu dem Offerenten in Geschäftsverbindung oder sonstiger naher Beziehung steht — innerhalb der in § 147 Abs. 2 festgesetzten Frist antworten, wenn er die Offerte annimmt. Tut er es nicht, so gilt sein Stillschweigen als Ablehnung. B. hat nun nicht geantwortet. Da hier keiner der Ausnahmefälle des § 151 vorliegt, bei denen nach der Verkehrssitte eine Annahmeerklärung nötig ist (s. o.), so war von B. zu erwarten, daß er im Falle der Annahme der Zigarren antworten würde. Sein Stillschweigen gilt daher noch nicht als Annahme. (Vergl. Fall 216.) Beweist B., daß die Zigarren noch bei ihm liegen, so ist die Klage abzuweisen.

b) B. hat die Zigarren geraucht. Dann bestehen wieder zwei Möglichkeiten. Erstens kann B. die Zigarren geraucht haben, weil er sie für die seinigen hielt, also irrtümlich, oder aus ähnlichen Gründen. Dann ist er bereichert, denn er hat Zigarren, die er sich andernfalls doch vermutlich angeschafft hätte, umsonst erhalten. Er haftet also nach § 812. Darauf gehen die Worte des A: „eventuell habe B. die ihm mit einer über 100 M. lautenden Rechnung gelieferten 1000 Zigarren verbraucht." Zweitens ist — worüber sich aber streiten läßt — auch folgendes möglich: In der Lieferung der unbestellten Zigarren liegt ein Vertragsantrag. B. hat die Annahme desselben nicht ausdrücklich erklärt, er hat sie aber nachträglich stillschweigend erklären wollen, indem er die Zigarren geraucht hat. Dabei liegt aber der Einwand nahe, daß ein Vertrag hier deshalb nicht zustande kommen kann, weil die Annahmeerklärung nicht, wie es § 146 verlangt, dem Gegner zugegangen ist. Ich glaube aber in solchen Fällen unbedenklich den § 151 anwenden zu dürfen, wonach im Falle des Verbrauchs in dem Wunsche den Antrag dadurch nachträglich noch anzunehmen eine ausdrückliche Annahmeerklärung nach der Verkehrssitte zum Zustandekommen des Vertrags nicht erforderlich ist. Sonach würde die Klage des A. hier unter Umständen auch den Charakter einer Vertragsklage (§§ 433 fg.) haben können, nämlich insbesondere dann, wenn er beweisen kann, daß B. durch den Verbrauch nachträglich noch den Vertrag schließen wollte. (Vergl. Rosenthal, Anm. 13 zu § 151.)

**Anm.** Man spricht in diesen Fällen von einer kumulativen Konkurrenz von Kauf- und Bereicherungsklage. Wie sehr sich beide Klagen in Bezug auf Klagbegründung, Verteidigung und Beweislast unterscheiden, ist kurz darzustellen versucht worden.

**Fall 154.** (Schücks Civilrechtspraktikum Seite 40.)

Zwischen B. und A. liegt ein Kaufvertrag nach § 433 vor, kein Werkvertrag, da der Gehrock beim Vertragsabschluß bereits fertig ist. Die

Lieferung durch den Verkäufer B. ist erfolgt, die Annahme durch den Käufer A. aber noch nicht, da dieser die Abnahme verweigert. Wenn B. auf den Kaufpreis belangt, einwendet, der von ihm gekaufte Rock sei zweireihig gewesen, während der von B. ihm angebotene Rock einreihig sei, so bestreitet er m. E., daß über den einreihigen Rock überhaupt ein Kaufvertrag zustande gekommen sei. Das ist aber ein Leugnen des Klaggrundes. (Ich nehme an, B. gibt zu, daß der angebotene Gehrock einreihig ist und bestreitet nur die Vereinbarung wegen des zweireihigen.) Der Kläger B. muß also nach den allgemeinen Grundsätzen der C.P.O. das Zustandekommen des Vertrags, also insbesondre die Behauptung, daß die Lieferung eines einreihigen Gehrocks vereinbart sei, beweisen.

Unrichtig ist es somit m. E., wenn man die Verteidigung des A., was nahe liegt, als bloße Geltendmachung einer Mängeleinrede im Sinne der §§ 459 fg. ansehen wollte. Denn in diesem Falle ist die Voraussetzung, daß die gelieferte Sache dieselbe ist, wie die vom Käufer ausgewählte und infolgedessen für ihn zur Absendung bereit gestellte. Ebensowenig ist die oben erwähnte Frage, ob A. in Annahmeverzug ist, zu erörtern, da A. gar nicht bestreitet, daß er den Rock nicht angenommen hat. Die Fragen kämen erst dann in Betracht, wenn B. seinen Klaggrund bewiesen hätte, wenn er also bewiesen hätte, daß der Vertrag über den gelieferten einreihigen Rock abgeschlossen worden sei.

**Anm.** Die Frage, ob eine speziell bestimmte Sache gekauft worden ist, kommt hier nicht in Betracht; sie ist mehr für die Gefahrhaftung im Falle des Untergangs der Sache von Bedeutung. Ein fertiger Gehrock kann zwar beim Kauf nur generell bestimmt werden, indem der Vertrag über „einen Gehrock" abgeschlossen wird, ohne daß dieser näher bestimmt wird. Es ist aber im Verkehr Sitte, daß man einen Rock vorher anprobiert und dieser dann für den Käufer zur Absendung bereit gestellt wird. Die Absicht der Parteien geht also dann auf Lieferung des bestimmten Gehrocks. Die erste Möglichkeit, daß der Kauf ohne spezielle Bestimmung geschlossen wird, wird meistens bei Kaufleuten vorliegen, die große Posten derselben Sorte auf einmal einkaufen.

**Fall 164.** (Schücks Civilrechtspraktikum Seite 42.)

Zwischen B. und A. besteht ein Kaufvertrag (§§ 433 fg.). Wenn A. für den Fall seiner Abwesenheit seiner Vermieterin die Summe von 10 M. zur Bezahlung der ersten Rate mit dem Auftrage übergibt, sie dem Überbringer der Maschine auszuhändigen und die Maschine anzunehmen, so ist das ein Auftrag im Sinne der §§ 662 fg., der von der Wirtin angenommen wird. Nach außen hin dagegen hat die C. von A. Vertretungsmacht im Sinne der §§ 164 fg., und zwar durch Rechtsgeschäft erteilte Vertretungsmacht, also Vollmacht im Sinne des § 166

Abs. 2. Wenn daher die C. die Maschine annimmt, so wirkt diese Annahme nach § 164 unmittelbar für und gegen den Vertretenen, also den A., mithin hat A. die Maschine in dem Augenblick angenommen, in welchem sie die Wirtin annimmt. Dieser Umstand ist entscheidend für die Frage der Haftpflicht des A. Nach § 446 geht mit der Übergabe der gekauften Sache die Gefahr des zufälligen Untergangs oder der zufälligen Verschlechterung der Sache auf den Käufer über. Wenn nun die Maschine von der C. in das Zimmer des A. auf den Tisch gestellt wird, von diesem herunterfällt und stark beschädigt wird, so ist dies alles erst nach der Übergabe geschehn. Das Herunterfallen der Maschine ist aber ein Zufall, den nach der Übergabe der Käufer zu tragen hat. Wenn daher A. die Maschine dem Boten zur Reparatur zurückgibt, und B. sie annimmt, so entsteht damit ein neuer Vertrag und zwar ein Werkvertrag, der von dem Kaufvertrag unabhängig ist. Nach § 632 ist für diesen eine Vergütung als vereinbart anzusehn. B. kann also die Reparaturkosten von 30 M. von A. beanspruchen. A. kann sich, wenn er die Bezahlung der Reparaturkosten verweigert, höchstens noch wie folgt verteidigen: Daß die Maschine übergeben war und A. daher nach § 446 die Gefahr des zufälligen Untergangs bez. der zufälligen Verschlechterung derselben zu tragen habe, wird zugegeben. Die Beschädigung der Maschine ist aber gar nicht durch Zufall entstanden, sondern dadurch, daß dieselbe mangelhaft war. Daraus nämlich, daß sie durch den Fall vom Tisch herunter so stark beschädigt wurde, ergibt sich die Vermutung, daß Mängel im Sinne der §§ 459 fg. vorlagen. Dagegen wird B. geltend machen, daß eine Schreibmaschine ein so zerbrechlicher Gegenstand ist, daß es als sehr leicht möglich — vielleicht sogar als selbstverständlich — zu bezeichnen ist, daß sie beim Herabfallen von einem Tische beschädigt wird. Der Richter, welcher keine genügende Fachkenntnis besitzt, wird hierüber einen genannten oder von ihm bestimmten Sachverständigen zu vernehmen haben. Die richtige Ansicht ist vermutlich die des B. Daher ist die Einrede des A. zurückzuweisen.

Ist es für die Entscheidung von Belang? u. s. w. Wo die Maschine übergeben wurde, ob in der Wohnung des A. oder im Geschäft des B., ist ganz gleich, da es feststeht, daß im Augenblick des Ereignisses die Übergabe erfolgt war. Die Frage nach dem Erfüllungsort ist daher nicht zu erörtern.

**Anm.** Die Frage, ob die Wirtin dem A. wegen der Beschädigung der Maschine aus dem Auftragsverhältnis haftet, hängt von der weiteren Frage ab, ob sie bei Ausführung des Auftrags fahrlässig gehandelt hat. Die C. hat vermutlich die Maschine auf den Tisch schlecht hingestellt, sonst hätte sie nicht herunterfallen können. Auch dies könnte durch Sachverständige noch besonders festgestellt werden. Die C. hat also die im Verkehr erforderliche Sorgfalt verletzt, somit fahrlässig gehandelt. Über die Folgen dieser Fahrlässigkeit, insbesondre über die eintretende Schadensersatzpflicht, geben die §§ 662 fg. keine Auskunft, es kommen daher die allgemeinen Schadensersatzvorschriften der §§ 249 fg., besonders § 276 in Betracht. Danach hat der Schuldner, sofern nicht ein andres bestimmt ist, Vorsatz und Fahrlässigkeit zu vertreten. Die Wirtin ist nun Schuldnerin aus dem Auftrag, hat somit dem A. Schadensersatz zu leisten. Nach den §§ 249 fg. hat sie also den früheren Zustand wiederherzustellen und demgemäß die 30 M. Reparaturkosten zu bezahlen.

Fall 168. (Schücks Civilrechtspraktikum Seite 43.)

Der zwischen B. als Verkäufer und A. als Käufer abgeschlossene Kaufvertrag ist mit einem Nebenvertrag dahingehend verbunden, daß die Haftung für Mängel ausgeschlossen sein soll. Aus § 476 (e contrario) ergibt sich, daß ein solcher Nebenvertrag nichtig ist, wenn der Verkäufer den Mangel arglistig verschweigt. Ein solches arglistiges Verschweigen macht der Käufer A. geltend, indem er von Betrug spricht (jedes arglistige Verschweigen enthält einen Betrug) und demgemäß auch das nach den §§ 462, 463 ihm zustehende Recht der Wandelung. Eventuell macht er das Nichtvorliegen zugesicherter Eigenschaften geltend. (A. drückt sich unklar aus.) B., der Verkäufer, bestreitet, wie anzunehmen ist, den Betrug, ebenso die Zusicherung bestimmter Eigenschaften, gibt das Vorliegen eines Fehlers zu, behauptet aber — das ist der Sinn seiner Ausführungen — daß dieser nur eine unerhebliche Minderung des Werts der Sache im Sinne des § 459 Abs. 1 Satz 2 herbeiführe und daher nicht in Betracht komme. Dies ist der den Ausführungen der Parteien zu entnehmende hier nicht ganz einfache Tatbestand unter juristischen Gesichtspunkten betrachtet.

Beim Vorliegen einer Täuschung durch arglistiges Verschweigen von Fehlern ist nun für jeden Mangel — auch für den kleinsten — zu haften, nämlich auf Grund von § 823. In diesem Falle ist es nach § 476 für die Haftung gleichgültig, daß die Haftung für Mängel ausgeschlossen ist. Ein arglistiges Verschweigen von Fehlern ist aber, wie jeder dolus, niemals zu vermuten. A. muß es daher beweisen. Zum Beweise führt er nur an, B. habe eine achtmalige Vergrößerung zugesichert, ohne sich vorher zu überzeugen, ob das auch wahr sei. Damit behauptet er aber nur das Nichtvorhandensein einer zugesicherten Eigenschaft. Dieses braucht nicht unbedingt auf dolus zu beruhen. Es bleibt immer noch die Möglichkeit, daß B. von der Mangelhaftigkeit des von ihm verkauften Fernrohres nichts wußte. Die genannte Vermutung gegen den dolus ist also nicht widerlegt. Somit ist auch nach § 476 (e contrario) der Vertrag betreffend Ausschließung von Mängeln gültig und eine Wandelung auf Grund des § 463 Satz 2 seitens des A. ausgeschlossen.

Es fragt sich weiter, ob A., nachdem sich sein erster Klaggrund als hinfällig erwiesen hat, die Rückgängigmachung darauf stützen kann, daß bei den Verhandlungen zwischen ihm und B. immerhin noch eine Zusicherung bestimmter Eigenschaften (dicta et promissa) seitens des B. erfolgt sei (§ 463 Satz 1). Auch in diesem Falle wäre nicht nur für wesentliche Mängel, sondern für jeden Mangel zu haften. Indessen erreicht A. auch damit nichts, denn die Vereinbarung betreffend Ausschließung von Mängeln führt zweifellos dazu, daß die Zusicherung bestimmter Eigenschaften bedeutungslos wird. Die Vereinbarung geht also der Zusicherung vor. Das ergibt sich aus § 476 e contrario.

Die vorliegende Frage ist damit gelöst. Instruktiv ist aber die Betrachtung des Falls, wenn man annimmt, die Mängelhaftung wäre von den Partein nicht ausgeschlossen worden. Dann könnte sich A. auf das Fehlen zugesicherter Eigenschaften (§ 459 Abs. 2, § 463 Satz 2) stützen. A. hat ein Fernrohr zu Jagdzwecken gekauft, welches eine achtmalige Vergrößerung bewirken sollte. Aus dem „sollte" geht aber m. E. noch nicht hervor, daß die Vergrößerung zugesichert worden ist. Wenn A. dies behauptet, muß er es, da es als bestritten anzusehn ist, beweisen. Beweist er es, so würde A. den Kauf allerdings rückgängig machen können, denn ein kleiner Fehler ist mindestens vorhanden und wird vom Beklagten sogar zugegeben. Der Umstand, daß man im Handel mit optischen Instrumenten die Angaben über Vergrößerung nur annähernd zu machen pflegt, kommt zu gunsten des Beklagten gegenüber der Klage aus § 459 Abs. 2 nicht in Betracht, denn in diesem Falle ist für jeden Fehler zu haften, also auch für den unbedeutenden des § 459 Abs. 1 Satz 2.

Erreicht Kläger auch auf diesem Wege nichts, so bleibt ihm noch die Möglichkeit, sich auf die Behauptung zu stützen, es liege ein Fehler im Sinne des § 459 Abs. 1 Satz 1 vor, also ein solcher, der die Tauglichkeit des Fernrohrs zu dem gewöhnlichen oder im Vertrage vorausgesetzten Gebrauch aufhebt oder mindert. A. hat das Fernrohr zu Jagdzwecken gekauft. Da die Jagd, wenn auch vielfach, so doch nicht vorwiegend in der Dämmerung stattfindet, so ist es auch nicht unbedingt nötig, daß das Glas für den Gebrauch in derselben geeignet ist. Es ist also mindestens sehr fraglich, ob hier ein Fehler vorliegt, der die Tauglichkeit zu dem gewöhnlichen oder nach dem Vortrage vorausgesetzten Gebrauch mindert, oder aufhebt. Ich möchte die Frage verneinen, besonders mit Rücksicht darauf, daß es, was Sachverständige festzustellen haben, richtig ist, daß man im Handel mit optischen Instrumenten, wie B. behauptet, die Angaben über Vergrößerung nur annähernd zu machen pflegt. Auch unter dieser Voraussetzung ist also A. wahrscheinlich mit der Klage abzuweisen, denn der Fehler des Fernrohrs ist, wie sich damit herausgestellt hat, ein unwesentlicher Fehler im Sinne von § 459 Abs. 1 Satz 2, ein solcher kommt aber nicht in Betracht.

(Vergl. im allgemeinen Rosenthal Kom. zu §§ 459, 460, Anm. 21.)

### Fall 175. (Schücks Civilrechtspraktikum Seite 45.)

A. hat dem B. gegenüber ein Schenkungsversprechen im Sinne des § 518 abgegeben, bei welchem, wie in früheren Fällen, angenommen werden soll, daß die Form, also hier die Form des § 518 gewahrt ist. B. hat dasselbe angenommen. Der Vertrag ist zugleich ein Vertrag zu gunsten eines Dritten im Sinne der §§ 328 fg. Etwas Merkwürdiges ist es, daß dieser Vertrag zu gunsten einer noch gar nicht lebenden Person geschlossen wird. Indessen liegt kein Grund vor, den Vertrag deshalb als ungültig zu bezeichnen, wie dies die Erben tun. (Man denke an die Versicherungen Vieler zu gunsten ihrer Erben, ihrer Kinder u. s. w.) Fraglich ist aber, wie das Schenkungsversprechen des A. auszulegen ist, welches also der vermutliche wahre Wille des Erblassers bei Abgabe desselben gewesen ist. In Ermangelung einer besonderen Angabe des Erblassers hat der Richter durch Auslegung seiner Bestimmung unter Zugrundelegung der §§ 133, 157 zu entscheiden. Danach dürfte wohl etwa so zu folgern sein: Wenn A. einfach bestimmt, er wolle dem erstgeborenen Sohn seines Prokuristen am Tage der Volljährigkeit 10000 M. schenken, ohne jetzt oder später nähere Bestimmungen für die verschiedenen denkbaren Möglichkeiten zu geben, so will er damit den Berechtigten m. E. begünstigen und in den Stand setzen, das Versprechen so weitgehend, wie möglich auszulegen. Hätte A. dies vermeiden wollen, so hätten ihm — insbesondere ihm als gebildetem Manne und Kaufmann, der wichtige Erklärungen genau abzuwägen pflegt — sein gesunder Verstand und sein Rechtsgefühl sagen müssen, daß er dann nähere Bestimmungen geben müsse. Die Erben des A. behaupten demgegenüber, dem A. habe bei seiner Erklärung als condicio tacita, also als selbstverständliche Voraussetzung für die Wirkung des

Schenkungsversprechens die Tatsache vor Augen geschwebt, daß sein Prokurist zur Zeit der Volljährigkeit von dessen Sohn noch lebe und dem A. solange gedient habe. Die §§ 133, 157 verlangen aber hier keine solche Auslegung. Denn selbst wenn der wahre Wille des Schenkers, was ja nicht ausgeschlossen ist, der von den Erben des A. behauptete gewesen wäre, so ist es doch m. E. nicht dessen vermutlicher wahrer Wille gewesen. Für diese Ansicht, über die sich natürlich streiten läßt, dürfte auch der Umstand sprechen, daß der Eintritt der Bedingung, deren Vorliegen die Erben des A. behaupten, so wenig zu erwarten ist. Daß dem B. ein Sohn geboren und das dieser volljährig, also 21 Jahre alt wird, ist noch etwas Normales, dem gewöhnlichen Lauf der Dinge Entsprechendes. Daß zu dieser Zeit beide Vertragsschließende noch leben, ist schon weniger wahrscheinlich, es wird dies indessen auch mit von dem Alter des A. abhängen. (Dabei ist zu bedenken, daß ein Prokurist für gewöhnlich ein Mann in gereiften Jahren ist.) Dagegen wäre es schon ein sehr seltenes Ereignis, wenn B. dem A. bis zur fraglichen Zeit gedient hätte. Für die obige Ansicht spricht ferner der Umstand, daß A., nachdem er zu seinen Lebzeiten die fragliche Bestimmung in keiner Weise zu erklären versucht hat, nicht wenigstens in einer letztwilligen Verfügung vor seinem Tode dieselbe erwähnt. Somit ist der mutmaßliche Wille des A. m. E. als dahingehend anzusehn, daß das Schenkungsversprechen ohne die bezeichnete condicio tacita wirken soll, wenn nur die an ein normales und ein leicht mögliches Ereignis geknüpfte Bedingung, daß B. einen Sohn erhält und dieser die Volljährigkeit erreicht, erfüllt wird. Hiernach und auf Grund des § 328 kann somit B. die ihm zukommenden 10000 M. von den Erben des A. herausverlangen.

Natürlich wird es möglicherweise noch andere Beweismittel geben, wie es z. B. gelegentliche Äußerungen des A. sind. Der Text gibt aber hierfür keinen Anhalt.

**Fall 179.** (Schücks Civilrechtspraktikum Seite 46.)

Die einzelnen Fälle sollen den Unterschied zwischen Miete und Pacht vor Augen führen. Die Hauptunterschiede zwischen beiden bestehn darin, daß die Miete nur das Gebrauchsrecht, die Pacht dagegen das Gebrauchs- und Fruchtziehungsrecht gewährt, ferner daß Gegenstand der Miete nur körperliche Sachen sein können, Gegenstand der Pacht dagegen auch Rechte, z. B. die Ausnützung eines Nießbrauchsrechts u. s. w. (vergl. hierüber Kom. von Rosenthal, Anm. 1 zu § 535). (Über den Fruchtbegriff, der hier als bekannt vorausgesetzt wird, vergl. §§ 99 fg.)

α) Hier liegt Miete vor, denn das Wohnhaus kommt in erster Linie als solches in Betracht. Die Überlassung des zugehörigen Obst- und Gemüsegartens gewährt dem A. allerdings einen Fruchtgenuß, aber dieser soll im Vergleich mit dem Gebrauchsrecht an dem Hause nur ein nebensächlicher sein, ebenso wie der Garten selbst im Verhältnis zum Hause nur Nebensache ist. (Zubehör im Sinne des § 97 ist er nicht, da das nur bewegliche Sachen sein können.)

β) Es liegt Pacht vor, da das Hotel mit Inventar dem A. überlassen worden ist und A. berechtigt ist, das Hotel auf eigene Rechnung zu betreiben. Dadurch wird dem A. die Möglichkeit gegeben, aus dem Hotelbetrieb einen Erwerb zu machen. Daraus ergibt sich, daß A. an dem Hotel nicht nur ein Gebrauchsrecht (Wohnungsrecht) haben soll, sondern vor allem auch ein Fruchtziehungsrecht im Sinne des § 581 (vergl. H.G.B. § 22, Abs. 2).

γ) Es liegt Pacht vor, da dem A. nicht nur die Benutzung der Räumlichkeiten der Restauration, sondern auch der Bierverschank in derselben überlassen worden ist. Durch Betrieb der Restauration wird A. in die Lage versetzt, einen Erwerb zu treiben. Daran hindert ihn voraussichtlich nicht die im Vertrage übernommene Verpflichtung, das Bier zum Betriebe der Restauration zu einem bestimmten Preise von der Brauerei — also der Verpächterin — zu beziehn, denn dieser Preis ist im Zweifel geringer als der von A. erzielte Verkaufspreis, so daß A. noch einen Gewinn macht. Also gilt das unter β Gesagte. (Zweifelhaft kann man in diesen Fällen sein. Ein Kaufmann z. B. „mietet" seine Geschäftsräume. Warum?)

δ) Es liegt Pacht vor, denn die Überlassung der Benutzung der Wasserkraft gewährt ein Recht, nämlich ein Nießbrauchsrecht. Gegenstand der Miete kann aber ein Recht nicht sein. Außerdem kann A. den Betrieb der Mühle als Gewerbe betreiben. (Man kann auch die Wasserkraft als eine Frucht des Grundstücks ansehen und sie zu der „sonstigen Ausbeute" des § 99 Abs. 1 rechnen.)

ε) Hier liegt weder Miete allein noch Pacht vor, sondern eine Kombination von Sachmietvertrag und Werkmietvertrag. Das Überlassen des 3. Stockwerks seitens des B. an A. ist natürlich Miete, die Lieferung von Elektrizität ist aber Lieferung einer Kraft, also eines Erfolgs. Der Vertrag, durch den sich jemand zur Lieferung von Elektrizität gegen Entgelt verpflichtet, ist daher Werkmietvertrag im Sinne der §§ 631 fg. Hierbei ist wieder, wie in Fall α, zu fragen, ob nach Absicht der Parteien die Lieferung der Elektrizität nicht etwas Nebensächliches sein soll und daher der Werkvertrag überhaupt nicht in Betracht kommt. Das ist hier zu verneinen, denn offenbar sind beide Leistungen von den Parteien als gleichwertige anerkannt (wichtig z. B. für die Geltendmachung von Mängeln).

**Anm.** Die Elektrizität wurde früher als bewegliche Sache angesehn und daher deren Lieferung als Lieferung einer beweglichen Sache betrachtet. Das Reichsgericht hat indessen im Sinne der obigen Ansicht entschieden.

Andere wichtige Unterschiede zwischen Pacht und Miete bestehen in Ansehung

1. des Pfandrechts: § 585 B.G.B., § 49 Ziffer 2 K.O.,
2. der Kündigungsfristen: §§ 595—565,
3. der Kündigungsgründe: § 596,
4. der Zulässigkeit der Afterpacht,
5. der Zinszahlung: §§ 584—551.

**Fall 183.** (Schücks Civilrechtspraktikum Seite 47.)

Wenn B. dem A. seine Lokalitäten zur Betreibung einer Möbelfabrikation im allgemeinen vermietet, so ergibt sich aus der ausdrücklichen Hervorhebung der Worte „im allgemeinen" die Absicht der Parteien, daß die Wohnung sich in einem Zustande befinden muß, der jede Art von Möbelfabrikation gestattet. Diese Beschaffenheit der Wohnung ist also eine wesentliche Eigenschaft derselben, ohne deren Vorliegen A. vermutlich den Vertrag nicht abgeschlossen hätte. Die Herstellung von Polstermöbeln gehört nun zweifellos zur Möbelfabrikation „im allgemeinen" und ist sogar ein wichtiger Zweig derselben. Das Verbot der Zollbehörde bewirkt also, daß dem A. der vertragsmäßige Gebrauch der Wohnung, die sich ja zunächst in dem hierzu geeigneten Zustande befand, wieder entzogen wird. Es liegt somit eine teilweise Entziehung des vertragsmäßigen Gebrauchs im Sinne des § 542 vor. (§ 537 kommt nicht in Betracht, da A. vom Vertrage zurücktreten will.) Demnach kann der Mieter ohne Einhaltung einer Kündigungsfrist kündigen. Nach § 542 Abs. 1 Satz 2 ist aber die Kündigung erst zulässig, wenn der Vermieter eine ihm vom Mieter bestimmte angemessene Frist hat verstreichen lassen, ohne Abhilfe zu schaffen. Der Bestimmung einer Frist bedarf es indessen nach § 542 Abs. 1 Satz 3 nicht, wenn die Erfüllung des Vertrags infolge des die Kündigung rechtfertigenden Umstandes für den Mieter kein Interesse hat. Die Schwierigkeit des Falls liegt in der Frage, ob diese letztere Vorschrift hier anwendbar ist. Ich bejahe dies. Nachdem es dem B. bis 15. März nicht gelungen ist, die Zollbehörde zur Zurücknahme ihrer Verfügung zu bewegen, steht fest, daß es ihm unmöglich ist, Abhilfe zu schaffen. Was aber unmöglich ist, hat auch kein Interesse. Ich würde also den § 542

Abs. 1 Satz 3 für anwendbar halten und dem A. das Recht sofortiger Kündigung gewähren. Daraus ergibt sich, daß, wenn sich A. unverzüglich — also vermutlich kurz nach dem 1. März — an B. wendet mit der Bitte, bis 15. März Abhilfe zu schaffen, diese Fristsetzung zwar als notwendig zu erachten sein dürfte, weil die Zurücknahme der Verfügung nicht ausgeschlossen erscheint, daß dagegen die nach erfolglosem Ablauf der Frist — also zwischen 15. März und 1. April — erhobene Feststellungsklage abzuweisen ist, denn es fehlt das Erfordernis des Interesses an alsbaldiger Feststellung, weil A. nach dem oben Ausgeführten am 1. April ohne Einhaltung einer Kündigungsfrist ausziehn kann. (§ 256 C.P.O.) Die Klage des A. auf Feststellung seiner Berechtigung vom Vertrage zurückzutreten ist also vor dem 1. April m. E. unbegründet. Aber auch später wäre sie es, denn A. kann eben ausziehn und die Klage des B. auf Mietzinszahlung erwarten.

Der Einwand des B., daß es sich nur um eine unerhebliche Einschränkung des vertragsmäßigen Gebrauchs im Sinne des § 542 Abs. 2 handele, ist, wie das am Eingang Gesagte ergibt, zu verwerfen. Die Behauptung des A. dagegen, daß sein Rücktrittsrecht eventuell um deswillen berechtigt sei, weil der Beklagte die ihm obliegende Leistung wegen eines von ihm zu vertretenden Umstandes nicht bewirken könne, ist richtig, wenn sie ihn auch nicht vor der Klagabweisung schützt. A. nimmt damit Bezug auf § 325. Gewiß beruhte auf dieser ergänzend anzuwendenden Vorschrift das Recht des A., nur war es m. E. falsch, daß er dieses Recht im Wege einer Klage, insbesondere einer Feststellungsklage geltend machte. Ich gebe aber zu, daß man hier über anderer Meinung sein kann, indem man die Feststellungsklage für begründet erachtet.

**Fall 185.** (Schücks Civilrechtspraktikum Seite 48.)

Der B. hat das obere Stockwerk dem A. in einem Zustande zu gewähren, der so beschaffen ist, daß von den Sachen des Mieters nichts beschädigt werden kann. Dafür ist in diesem Falle, da es sich um das obere Stockwerk handelt, vermutlich der Zustand des Daches von Bedeutung. Dieses muß die Sachen des Mieters vor Nässe schützen, da sonst der Betrieb eines Pianofortegeschäfts gestört wird. Wenn nun im Laufe der Mietzeit durch das Dach des Vermieters Regen eindringt, so ist das ein nach der Überlassung der Mietsache an den Mieter, also ein im Laufe der Miete entstehender Fehler, der den vertragsmäßigen Gebrauch derselben mindert. Es liegt daher der Fall des § 537 vor. A. stützt sich aber nicht auf § 537, denn er macht keine Minderung des Mietzinses geltend, sondern Schadensersatz. A. stützt sich somit auf § 538. Diese Gesetzesstelle setzt noch mehr voraus, als § 537. Unter anderem enthält sie auch den Fall, daß der Mangel infolge eines Umstandes entstanden ist, den der Vermieter zu vertreten hat. (Vergl. §§ 276, 278.) Ein solcher Mangel liegt hier vor, da B. als Hauseigentümer zur rechtzeitigen Instandhaltung des Daches verpflichtet war. In der Unterlassung derselben liegt eine Nichtanwendung der im Verkehr erforderlichen Sorgfalt, also eine Fahrlässigkeit im Sinne des § 276. Durch den Mangel der Mietsache erleidet A. einen Schaden, denn das Klavier wird durch die Nässe beschädigt und sein Wert dadurch vermindert. A. kann also auf Grund von § 538 Schadensersatz wegen Nichterfüllung von B. verlangen.

Sollte dem B. keine Fahrlässigkeit zur Last fallen, z. B. weil er den Eintritt des Schadens aus irgend einem Grunde nicht erwarten konnte, so bleibt dem A. natürlich immer noch die Möglichkeit sich auf § 537 zu stützen und Minderung bez. Aufhebung des Mietzinses zu verlangen.

**Anm.** Sollte man nicht eine fahrlässige Sachbeschädigung annehmen können? (Vergl. Fall 4 Abs. 1.)

**Fall 190.** (Schücks Civilrechtspraktikum Seite 49.)

Die Universität ist in Deutschland eine öffentliche Unterrichtsanstalt. Der Professor ist ein Lehrer an derselben. Wenn dieser aber einen Ruf an eine andere Universität erhält, so ist das keine Versetzung im Sinne des § 570. Versetzung ist Anweisung der vorgesetzten Dienstbehörde an einen Beamten, seinen Wohnsitz an einem anderen Orte als dem bisherigen zu nehmen. Eine solche liegt beim Professor nicht vor, weil er nur einen Ruf erhält. Darin liegt ein Angebot der anderen Universität, dessen Annahme dem Professor völlig freisteht. Auf ihn findet daher im vorliegenden Falle § 552 Anwendung. Er wird durch einen in seiner Person liegenden Grund — das ist die Annahme des Rufs an eine andere Universität — an der Ausübung des ihm zustehenden Gebrauchsrechts verhindert. Dadurch wird er aber nicht von der Zahlung des Mietzinses befreit. Wenn also A. nach Ablauf der 3 Jahre das Mietverhältnis kündigt und Zahlung des weiteren Mietzinses für das 3. bis 5. Jahr verweigert, so ist dies unberechtigt. Er darf nicht einmal unter Einhaltung der gesetzlichen Kündigungsfrist kündigen. Somit ist A. auf die Klage des B. hin, zur Zahlung der Restmiete zu verurteilen.

B. hat nun erst nach *Ablauf der Mietzeit* gegen A. geklagt, nicht gleich nach dem Auszuge des A. Es könnte daher fraglich erscheinen, ob die Klaganstellung nicht vielleicht verspätet war. Das ist aber zu verneinen. Denn der Vertrag ist auf 5 Jahre geschlossen; es genügt daher, wenn der Vermieter die Nichtannahme der Kündigung erklärt. B. konnte daraufhin zunächst eine Äußerung des A. darüber erwarten, ob er bei seiner Kündigung bleiben wolle. Ein Rücktritt seitens des B. liegt dagegen nicht vor, vielmehr bleibt der Vertrag bestehn. Das wäre z. B. für den Fall wichtig, daß A. vor Ablauf der Mietzeit wieder zurückkehrt und Einräumung der Wohnung verlangt. Dazu wäre er berechtigt und B. hätte ihm dann die Wohnung im vertragsmäßigen Zustande zur Verfügung zu stellen. B. kann übrigens schon deshalb nicht sofort nach dem Auszug des A. auf den ganzen Mietzins klagen, weil die Leistung vor Ablauf der ganzen Mietzeit vermutlich noch nicht einmal fällig ist, wenigstens wenn man annimmt, daß der Mietzins, wie gewöhnlich bei größeren Wohnungen — auch im Falle des Mietens auf bestimmte längere Zeit — vierteljährlich bezahlt wird.

Aus allen diesen Gründen handelt B. ganz richtig, wenn er erst nach Ablauf der Frist von 2 Jahren — also nach Ablauf der verabredeten Mietzeit — gegen A. Klage auf die Restmiete erhebt. Er muß daher mit dieser Klage durchdringen.

Nach § 552 Satz 2 muß sich B. natürlich den Wert der in den 2 Jahren ersparten Aufwendungen sowie diejenigen Vorteile anrechnen lassen, die er aus einer anderweitigen Verwertung des Gebrauchs erlangt. B. ist aber nicht etwa gezwungen, die Wohnung zu vermieten, vielmehr muß er sie, während der 2 Jahre, wie oben gesagt, für A. bereit halten und macht sich, falls er es nicht tut, schadensersatzpflichtig. Vermietet also B. trotzdem und A. kommt nicht wieder, so kann A. gegenüber der später von B. angestellten Klage den Einwand nach § 552 Satz 2 erheben. Diesen muß er allerdings beweisen können. Vielfach vermietet der Vermieter in solchen Fällen und verläßt sich darauf, daß der Mieter den Einwand im Prozesse nicht geltend macht. Geschieht dies nicht, so erlangt er einen besonderen Vorteil. Macht der Mieter dagegen den Einwand geltend, so muß er sich den entsprechenden Abzug gefallen lassen, bez. sich auf vollständige Abweisung der Klage gefaßt machen.

**Anm.** Wenn der Professor nach Ablauf der 3¼ Jahre auszieht, wird er vermutlich auch seine Möbel mitnehmen. Wie steht es in diesem Falle mit der Geltendmachung des gesetzlichen Pfandrechts des § 561?

**Fall 199.** (Schücks Civilrechtspraktikum Seite 51.)

**Zwischen B. und der Köchin A. besteht ein Dienstvertrag nach §§ 611 fg. Nach § 630 kann der daraus Verpflichtete nach Beendigung**

eines dauernden Dienstverhältnisses ein schriftliches Zeugnis verlangen, welches auf Verlangen auf die Leistungen und die Führung im Dienste zu erstrecken ist. Da ein dauerndes Dienstverhältnis bei einer Köchin offenbar vorliegt, so hat die A. mit Recht ein Zeugnis der gedachten Art verlangt. B. hat aber, wie die A. behauptet, der A. kein der Wahrheit entsprechendes Zeugnis ausgestellt. Denn die A. ist vermutlich als Köchin schlechthin angestellt worden, nicht aber gerade als selbständige Köchin. Wenn also das von B. ausgestellte Zeugnis dahin lautet, daß die A. als selbständige Köchin zu wenig leiste, so gibt dasselbe nur über einen besonderen Fall der Tätigkeit einer Köchin Auskunft. Es ist möglich, daß die A. als Köchin im allgemeinen auch gute Eigenschaften hat. Solange dies nicht im Zeugnis ausgedrückt ist, ist aber das Zeugnis jedenfalls als unvollständig zu betrachten. Die A. behauptet außerdem, daß dasselbe auch unwahr sei. Das muß sie natürlich beweisen, da B. es bestreitet und die Wahrheit immerhin zu vermuten ist. Angenommen dieser Beweis gelänge ihr, dann müßte die A., da sie nicht Ausstellung eines neuen Zeugnisses, sondern Schadensersatz fordert, weiter beweisen, daß ihr infolge der Unvollständigkeit und Unwahrheit des Zeugnisses ein derartiger Schaden entstanden sei, daß sie 3 Monate lang keine anderweite Stellung habe finden können, denn B. bestreitet seine Verpflichtung zur Leistung von Schadensersatz, er behauptet also, daß der A. ein Schaden nicht entstanden sei und leugnet damit für den Fall, daß die Unwahrheit und Unvollständigkeit des Zeugnisses festgestellt werden sollte, den Klaggrund (sogenannte Eventualdefension). Gelingt der A. auch dieser Beweis, so steht fest, daß B. das Recht der A. auf Ausstellung eines vollständigen und richtigen Zeugnisses vorsätzlich oder fahrlässig, auch widerrechtlich verletzt hat und damit auch ihr Vermögen, also ihr Eigentum geschädigt hat. Es liegt somit der Tatbestand des § 823 vor und die A. dringt mit der Schadensersatzklage gegen B. durch.

**Anm.** Unbeachtet gelassen habe ich bei der Lösung die Frage, ob nicht die A. durch Annahme des Zeugnisses auf den Anspruch verzichtet hat. Das soll hier offenbar nicht von Wichtigkeit sein.

Über den Zeugnisanspruch bestehn übrigens manche Kontroversen, s. Staub bei § 73, § 80 H.G.B., wo auch die Ersatzansprüche behandelt werden.

**Fall 202.** (Schücks Civilrechtspraktikum Seite 52.)

Der sogenannte Theatervertrag, dessen Wesen in der Literatur mehrfach erörtert worden ist, ist m. E. zusammengesetzt aus einem Sachmietvertrag (§§ 535 fg.) und einen Werkmietvertrag (§§ 631 fg.). Der

Direktor gewährt die Benutzung des Platzes im Theater (also Raummiete) und zugleich einen Erfolg, der darin besteht, daß die einzelnen Personen des Publikums die betreffende Aufführung sehen können. Wegen des Näheren verweise ich auf Opet, deutsches Theaterrecht. Hier versuche ich nur Gesichtspunkte zu geben.

Wenn nun B., nachdem er sich auf einem Parkettsitz an einem vorspringenden Nagel den Rock zerrissen hat, gegen den Theaterunternehmer auf Schadensersatz klagt, so stützt er sich auf mangelhafte Erfüllung des Sachmietvertrags. Eine solche liegt vor, weil der Vermieter die ihm nach § 535 obliegende Pflicht, die Sache im vertragsmäßigen Zustande zu gewähren, nicht erfüllt hat. Somit liegt meines Erachtens ein Mangel vor, der infolge eines Umstandes, den der Vermieter zu vertreten hat, entstanden ist, also ein Mangel im Sinne des § 538. Daraufhin macht A. den in § 538 gegebenen Schadensersatzanspruch geltend. Demgegenüber erhebt der Vermieter den Einwand, A. hätte sich vor dem Hinsetzen den Sitz ansehen sollen. Fraglich ist, ob dieser Einwand des Vermieters erheblich ist. Mit diesem Einwand stützt sich derselbe auf § 254 und behauptet, daß bei Entstehung des Schadens ein Verschulden des A. mitgewirkt habe und daß daher das Verschulden seinerseits — wenn ein solches überhaupt vorliege — mit dem Verschulden des A. aufzurechnen sei. Es hat daher richterliches Ermessen darüber zu entscheiden, ob das Publikum im Theater zur Wahrung von Schadensersatzansprüchen verpflichtet ist, bevor es Platz nimmt, sich den Sitz auf etwaige mangelhafte Beschaffenheit hin anzusehn. Diese Frage ist im allgemeinen zu verneinen. Allerdings ließe sich darüber reden, ob, falls gewisse sofort in die Augen fallende Mängel vom Mieter nicht beachtet werden, eine Kompensation im Sinne des § 254 mit Rücksicht auf die Billigkeit gemäß §§ 242, 157, 133 eintreten könne. Ein hervorstehender Nagel dürfte aber im allgemeinen nicht ohne weiteres erkennbar sein, besonders bei dem im Zuschauerraum vielfach herrschenden gedämpften Licht. Dieser erste Einwand des Vermieters ist also ohne Erfolg.

Der Unternehmer wendet weiter ein, A. habe das Billet von einem Dritten — dem B. — geschenkt erhalten, stehe also mit ihm, dem Unternehmer, in gar keinem Vertragsverhältnis, könne daher auch von ihm keinen Schadensersatz fordern. A. gibt die Schenkung zu. Für die Entscheidung dieser sowie besonders der folgenden Frage ist die juristische Natur des Theaterbillets nicht ohne Bedeutung. Dasselbe ist ein Inhaberpapier im Sinne der §§ 793 fg. Der Aussteller — also der Unternehmer —

gewährt dem Nehmer die Forderung aus dem bezeichneten Vertrag. In dem Verkauf desselben durch den Aussteller liegt also der Verkauf einer Forderung, das heißt eines Rechts. (§ 433 Abs. 1 Satz 2, § 437.) Die Übertragung dieses Rechts erfolgt gewöhnlich durch Übergabe (Begebung) des Papiers (nicht durch Abtretung, wie aus dem § 796 verbunden mit den §§ 398 fg. zu schließen ist. Da § 796 bestimmte Einwendungen hervorhebt, so will er damit sagen, daß andere nicht in Frage kommen). Wenn also B. das Billet vom Aussteller kauft — das muß man hier im Hinblick auf Frage 2 (die Schenkung betreffend) voraussetzen — so überträgt B. dem A. durch die Übergabe des Papiers sein Forderungsrecht gegen den Aussteller. Somit kann A. gegen den letzteren dieselben Rechte geltend machen, wie B. In diesem Falle ist also die Verteidigung des Unternehmers erfolglos.

Wie ist der Fall zu beurteilen u. s. w.? Hier steht die Sache, wie sich aus den obigen Ausführungen ergibt, anders. Wenn der Theaterunternehmer seinem Freunde B. das Billet schenkt, so will er damit keinen Vertrag schließen, sondern dem B. eine Leistung unentgeltlich zuwenden. Durch die Übergabe des Papiers an B. kommt also kein Mietvertrag der obigen Art zustande. B. erlangt daher nur ein Recht auf Grund der Schenkung. Dieses Recht aus der Schenkung geht auch durch die Schenkung des Billets seitens des B. an A. auf den A. über, dagegen kann B. kein Recht aus einem Werkmiet- oder Sachmietvertrag auf den A. übertragen, da er gar kein solches Recht hat. Somit haftet der Theaterunternehmer meines Erachtens dem A. gegenüber nur wie der Schenker, also für Vorsatz und grobe Fahrlässigkeit. Hier kommt nur die letztere in Betracht. Man kann aber darin, daß der fragliche Nagel an dem Parkettsitz hervorragt, meines Erachtens keine grobe Fahrlässigkeit des Theaterunternehmers erblicken, sondern nur eine geringe. Also ist er in diesem Falle mit seiner Einwendung erfolgreich und die Klage des A. daher abzuweisen.

**Anm.** Übrigens will ich nicht unerwähnt lassen, daß meine Konstruktion, wonach ich die Haftung des Theaterunternehmers auf Mietvertrag, insbesondere auf § 538 begründe, ihre Bedenken hat. § 538 betrifft nämlich primo loco den Schaden, der dadurch entsteht, daß der Mieter die Mietsache nicht gebrauchen kann. Hier entsteht aber ein Schaden, während doch der Mieter die Sache gebraucht. Fällt die Vertragshaftung weg, so bleibt immer noch die Deliktshaftung. Es würde deshalb § 823 anwendbar sein (fahrlässige Sachbeschädigung, vergl. Fall 4 Abs. 1 am Schluß).

**Fall 204.** (Schücks Civilrechtspraktikum Seite 52.)

Zwischen A. und B. liegt ein Werkmietvertrag nach §§ 631 fg., genauer ein Transportvertrag vor, der verbunden ist mit einem Sachmietvertrage. Es fragt sich, ob dieser nur die Verpflichtung des B., den A. zu fahren, oder auch die zur Bewachung der Sachen des A. mit umfaßt. Im Vertrage pflegt darüber nichts bestimmt zu werden. Daher ist in Ermangelung anderer Bestimmungen nach Rücksichten der Billigkeit zu entscheiden, insbesondere nach dem, was Treu und Glauben mit Rücksicht auf die Verkehrssitte erfordern. (§§ 242, 157, 133.) Schon danach ist aber der Kutscher B. in erster Linie zur Bewachung des Pferdes verpflichtet. Von dieser soll er im Interesse des Verkehrs durch nichts abgehalten werden. Deshalb sind auch polizeiliche Vorschriften in demselben Sinne gegeben worden, nach denen der Kutscher das Pferd überhaupt nicht verlassen darf. (Straßenpolizeiregulativ.) Zur Bewachung der Sachen ist also der Kutscher mangels besonderer Vereinbarung, die hier nicht vorliegt, nicht verpflichtet. Somit haftet der Kutscher B. dem A. nicht auf Ersatz des Mantels.

Wäre es von Einfluß u. s. w.? Hier liegt die Sache offenbar anders, denn es liegt hier ein Auftrag im Sinne der §§ 662 fg. vor. Der Auftrag muß, um vollendet zu sein, vom Beauftragten angenommen werden. Es fragt sich daher, ob dies hier geschehn ist. Das ist zu bejahn. Zwar hat der Kutscher B. die Annahme nicht ausdrücklich erklärt, aber das hat er nicht nötig. Nach § 151 hätte hier der Empfänger des Antrags B. für den Fall der Nichtannahme dies nach der Verkehrssitte dem A. erklären müssen. Durch sein Stillschweigen nimmt daher B. den Antrag an. Hier hat also der Kutscher B. durch Nichtbeobachtung des Mantels die im Verkehr erforderliche Sorgfalt verletzt, hat somit fahrlässig gehandelt. Er haftet daher aus dem Auftrage auf Schadensersatz.

**Fall 210.** (Schücks Civilrechtspraktikum Seite 53.)

Die Frage der Haftung des Rechtsanwalts richtet sich nach dem zwischen ihm und A. bestehenden Rechtsverhältnis. Wenn A. vom Rechtsanwalt unentgeltlich einen juristischen Rat verlangt, so liegt in dem Wort „verlangen“ m. E., daß er ihm einen Auftrag zur Erteilung des Rats gibt. Auf das Rechtsverhältnis finden, da der Rechtsanwalt den Auftrag angenommen hat, die Grundsätze der §§ 662 fg. Anwendung. Der Rechtsanwalt hat den Antrag durch konkludente Handlung angenommen, indem er den Rat erteilte. Nach § 276 mußte er bei Ausführung des Auftrags die im Verkehr erforderliche Sorgfalt anwenden. (Vergl. Rechtsanwaltsordnung § 28.) Er hat dies aber nicht getan, sondern, wie feststeht, eine grobe Fahrlässigkeit begangen. Mithin hat er auf die Klage des A. den dem A. entstandenen Schaden zu ersetzen. Nach §§ 249 fg. hat er ihm also 1000 M. zu zahlen.

Es liegt sehr nahe, hier den § 676 zur Anwendung zu bringen. Dieser kommt aber nicht in Betracht, denn er ist nur für den Fall gegeben, daß ein Rat ohne Aufforderung erteilt wird. In diesem Falle liegt also gerade kein Auftrag, überhaupt kein Rechtsgeschäft, vor, sondern nur eine unverbindliche Äußerung, der allerdings eine Anfrage vorausgehn kann. (Vergl. Rosenthal, Anm. 11 zu § 676.) Wer einer solchen ohne weiteres Glauben schenkt, hat selbst den etwa entstehenden Schaden verschuldet, er soll daher durch das Gesetz nicht geschützt werden. Im obigen Falle dagegen liegt ein Auftragsverhältnis vor, aus dem zu haften ist. Anders, wenn man das Wort „verlangen" so versteht, daß es sich um eine bloße Anfrage handelt. Das ist aber gegenüber dem Anwalt in juristischen Dingen im Zweifel nicht der Fall. (Es kommt aber mit auf die Umstände an. Ist es im Bureau geschehn? u. s. w.)

Die Unentgeltlichkeit kommt nur deshalb in Betracht, weil man im Fall der Entgeltlichkeit im vorliegendem Falle kein Auftragsverhältnis annehmen dürfte. Der Rechtsanwalt ist zwar eine Person, die sich zur Besorgung gewisser Geschäfte, nämlich insbesondere zur Erteilung juristischen Rats, öffentlich erboten hat, er kann also, wie hier, unter die im § 663 genannten fallen. (Vergl. Rechtsanwaltsordnung § 30.) Da aber diese Personen — und so auch der Rechtsanwalt — ihre Dienste in der Regel entgeltlich leisten, so ist, falls ihnen ein Auftrag im nichtjuristischen Sinne erteilt wird, in der Regel ein Dienstvertrag oder Werkvertrag anzunehmen und zwar ein solcher, welcher eine Geschäftsbesorgung zum Gegenstande hat. Für diese Verträge gelten aber die in § 675 bezeichneten Vorschriften des Auftrags. Insbesondere ist die Schadensersatzpflicht dieselbe. Der Anwalt haftet also im Falle der Entgeltlichkeit ebenso wie im Falle der Unentgeltlichkeit.

Nur der Einwand läge vielleicht nahe, daß der Umstand, daß der Anwalt den Rat unentgeltlich erteilt, darauf hindeutet, daß er in diesem Falle die Haftung ablehnen will, oder daß das sogar zu vermuten ist. Doch halte ich diesen Einwand nicht für stichhaltig. Im Interesse des Verkehrs liegt es, daß eine so wichtige Vereinbarung ausdrücklich hervorgehoben wird.

**Fall 212.** (Schücks Civilrechtspraktikum Seite 54.)

Zwischen A. und C. liegt ein Werkvertrag nach §§ 631 fg. vor, der zugleich einen Vertrag zu gunsten eines Dritten im Sinne der §§ 328 fg.

enthält. Der Dritte, zu dessen Gunsten der Vertrag geschlossen wird, ist der Studienfreund B. Aus den Umständen, insbesondere aus dem Zweck des Vertrags ist zu entnehmen, daß die Absicht der Parteien dahin geht, daß der Dritte sofort mit Abschluß des Vertrags das Recht auf Erfüllung desselben erwerben soll, da der A. offenbar die Bücher sofort bei B. unterbringen und ihm zuwenden will. (Vergl. im Gegensatz dazu die Fälle Kom. von Rosenthal, Anm. 1a und 1b zu § 328.) B. erwirbt also das Recht auf Übergabe der Bücher sofort mit Annahme des Auftrags durch den Dienstmann C., denn mit dessen Annahme ist auch der Vertrag zu gunsten des B. abgeschlossen.

B. weiß bis jetzt noch nichts von dem Erwerb des Rechts aus dem Werkvertrag. Um ihn davon in Kenntnis zu setzen, schreibt ihm A. eine Karte. Wenn er in dieser seine Zuwendung als letztwillige Verfügung bezeichnet, so ist das offenbar ein Scherz, denn er meint damit nur seine letzte Verfügung in Europa. Zugleich macht A. dem B. Mitteilung von der Beauftragung des Dienstmanns C. Das spricht ebenfalls dafür, daß C. als sofort berechtigt gelten soll.

Worin besteht nun die Leistung die C. von B. nach dem Gesagten sofort verlangen kann? Sie besteht in der Erfüllung des Werkvertrags, also in der Übergabe der Bücher. Das Recht hierauf erwirbt B. schon deshalb, weil in dem Vertrag zwischen A. und C. zu gunsten des B. zugleich eine freiwillige Zuwendung des A., durch die B. bereichert werden soll, also eine Schenkung, enthalten ist. Diese ist allerdings erst vollendet mit der Annahme, also in dem Augenblick, in welchem B. die Karte des A. erhält und die Schenkung annimmt. Aus dieser hat B. ein Recht auf Erfüllung, also ein Recht auf Übergabe der Bücher, welches er schon auf Grund des § 328 Abs. 2 erworben hatte (s. o.).

Die Karte des A. enthält aber noch mehr, nämlich die Übertragung des Eigentums an den Büchern an B. In der Karte wird ihm der Anspruch des A. auf Herausgabe der Bücher nach §§ 931, 398 abgetreten. Der Dritte, welcher hier bereits im Besitz der Sache ist, ist der Dienstmann C. Diese Absicht des A. muß man zu gunsten des B. annehmen.

Nimmt man einen solchen Eigentumsübergang hier an, so erwirbt B. das Eigentum an den Büchern vermutlich schon, bevor sie C. seiner Bibliothek einverleibt hat. Denn C. erwirbt dieses Eigentum in dem Augenblick, in welchem er die Karte gelesen hat und zur Annahme der Schenkung bereit ist. Von da an hat also B. gegen den Dienstmann C. nicht nur die Vertragsklage auf Erfüllung, sondern auch die Eigentumsklage. Dies ist für ihn sehr wichtig, denn dadurch erlangt er die Herausgabe der Bücher nach den Grundsätzen der §§ 985 fg. oder des Geldwerts derselben.

**Fall 216.** (Schücks Civilrechtspraktikum Seite 55.)

Das Dienstmädchen des B. ist im Haushalte desselben tätig. Wenn es daher die an B. adressierten Zigarren in Empfang nimmt, so tut sie dies als sogenannte Besitzdienerin im Sinne des § 855. Obgleich sie also die tatsächliche Herrschaft über dieselben erlangt, gilt sie nicht als Besitzerin, sondern nur als Werkzeug des A. (Vergl. die Fälle des III. Teils.) A. wird daher durch das Dienstmädchen unmittelbar berechtigt und verpflichtet.

Die Hauptfrage ist nun die, ob die Annahme der Zigarren durch B. das Dienstmädchen — also durch B. — eine Annahme des Antrags des A. ist. Das ist zu verneinen. Denn wenn ein Nichtkaufmann Waren unbestellt zugeschickt erhält und diese annimmt, so muß er, falls er damit eine Annahme im juristischen Sinne beabsichtigt, dies innerhalb der im § 147 Abs. 2 bezeichneten Frist ausdrücklich erklären. Eine Antwort des Antragsempfängers ist also hier nach der Verkehrssitte zu erwarten und daher nach § 151 zum Zustandekommen des Vertrags notwendig. Stillschweigen gilt demgemäß nicht als Annahme. Somit liegt hier zwar ein Antrag, aber noch kein Vertrag vor. (Vergl. die Erklärung in Fall 152, die mit den hier gegebenen übereinstimmt. Dort ändert sich die Sache nur in dem Falle, daß A. später die Zigarren raucht und dadurch — vorausgesetzt, daß es bewiesen wird — die Annahme als stillschweigend erklärt zu gelten hat.)

A. klagt nun gegen B. auf Zahlung von 50 M. „als Kaufpreis oder Schandensersatz". (Ein Fall der Eventualaggression.) Auf Kaufpreis kann A. nach dem Obigen nicht klagen, da, wie festgestellt, ein Kauf noch nicht vorliegt. Schadensersatz kann A. demgemäß auf Grund eines Vertrags nicht fordern, sondern nur auf Grund eines Delikts (§ 823). Als solches kann nur fahrlässige Sachbeschädigung in Betracht kommen. Es käme also in Frage, ob eine solche darin liegt, daß B. die Zigarren auf den Ofen hat stehen lassen, so daß sie durch die Hitze entwertet werden. Eine fahrlässige und widerrechtliche Verletzung fremden Eigentums hat aber B. aus folgenden Gründen nicht begangen: Wenn das Dienstmädchen des B. die Zigarren im Sommer auf den Kaminsims stellt, so ist das, da der Ofen im Sommer nicht geheizt wird, ein sehr passender Platz für dieselben, denn die Abholung war bald zu erwarten und es war daher erwünscht, wenn sie einen überall sichtbaren Platz hatten. Wenn nun die Abholung seitens des A. im Sommer nicht erfolgt und B. die Zigarren auf dem Ofen stehn läßt, so daß sie durch die Hitze des Feuers verderben, so ist auch darin keine Sachbeschädigung zu erblicken. Denn letztere kann nur durch positives Handeln begangen werden, nicht durch Unterlassungen, es sei denn, daß eine Verpflichtung zum Handeln vorliegt. (Vergl. Fall 4 Abs. 1 am Schluß.) Eine solche liegt hier nicht vor, denn A. ist Eigentümer der Zigarren geblieben und hat als solcher selbst für sein Eigentum zu sorgen. B. als Besitzer hat keine Verpflichtung hierzu (s. u.). Somit kann A. auch nicht auf Schadensersatz klagen.

Wenn sich B. damit verteidigt, er sei weder Besitzer noch Verwahrer, noch träfen ihn sonstige Pflichten, so ist diese Verteidigung nach dem Obigen überflüssig, da A. schon ohne dieselbe abzuweisen ist. Sie ist aber auch nicht ganz richtig. Besitzer ist A. nach § 854 allerdings geworden, da er die tatsächliche Herrschaft über die Zigarren erlangt. Besitzwille ist aber zum Besitz nicht nötig. B. wird also auch ohne seinen Willen Besitzer. Nur Eigentümer ist B., wie gesagt, nicht gerade da bei A. vor der Annahmeerklärung der Wille der Eigentumsübertragung fehlt. B. hat aber — so hätte er sich richtiger ausgedrückt — als Besitzer keine Verpflichtungen, denn sein Besitz beruht nicht auf Vertrag. Verwahrer ist B. auch nicht. Denn Verwahrer im Sinne der §§ 688 fg. kann A. nur werden auf Grund eines Vertrags oder anderer besonderer Bestimmungen. Daß Vertrag nicht vorliegt, ist ohne weitres klar. Auch andre Bestimmungen, etwa die, daß B. auf Grund seines Besitzes zur Verwahrung verpflichtet ist, gibt es nach dem B.G.B. nicht. Trotz alledem darf B. die Zigarren nicht unpfleglich behandeln. Dies hat er aber, wie oben erörtert, auch nicht getan.

**Anm. 1.** Kaufleute untereinander müssen unbestellte Waren, falls sie dieselben nicht annehmen wollen, sofort zurückweisen. (Fehlerhafte müssen sie, wenn bestellt, zunächst annehmen und dann sofort die in H.G.B. Art. 377 bezeichneten Rechte geltend machen.) Bei Kaufleuten würde also Stillschweigen auf die in der Zusendung liegende Offerte Annahme derselben bedeuten, da nach der Verkehrssitte eine Erklärung der Annahme nicht zu erwarten ist (§ 151).

**Anm. 2.** Ein dem vorliegenden analog zu behandelnder, im Leben auch ungemein häufiger Fall ist der, daß der Nichtkaufmann vom Buchhändler Bücher oder vom Kollekteur ein Los zugeschickt erhält. Auch hier liegen für den Empfänger keine Vertragspflichten vor. Er hat nur einen für die Bücher oder das Los passenden Platz auszusuchen, soweit er einen solchen hat. Eine Antwort, die vielfach von dem Antragenden dringend erbeten wird, ist dabei nicht nötig, da der Antragende den Antrag nach Belieben als abgelehnt betrachten kann, sobald die für die Antwort angemessene Frist abgelaufen ist.

Übrigens ist selbst dann, wenn z. B. der B. im vorliegenden Falle die Zigarern nach Ablauf eines ganzen Jahres durch positives Handeln beschädigen würde, wohl der Billigkeit entsprechend eine Schadensersatzpflicht des B. zu verneinen. Es würde dies z. B. auf Grund von § 254 geschehen können, indem man in dem langen Nichtabholen des A. ein Verschulden sieht.

**Fall 221.** (Schücks Civilrechtspraktikum Seite 56.)

Beim Reisen in den Wagen der internationalen Schlafwagengesellschaft kommen folgende Vertragsverhältnisse in Betracht! Erstens liegt vor ein Werkvertrag — genauer Transportvertrag — der Personen des Publikums mit dem Eisenbahnfiskus, der darin besteht, daß erstere gegen Bezahlung mit dem Zuge befördert werden. Mit diesem ist ein Sachmietvertrag verbunden, der auf Benutzung der Wagen geht. Zweitens liegt vor ein Werkvertrag — genauer wiederum Transportvertrag — derselben Personen mit der internationalen Schlafwagengesellschaft, der dahin geht, daß diese gegen Bezahlung die Schlafwagen den im Zuge fahrenden Personen zur Verfügung stellt. Hierzu kommt ein Werkvertrag des Eisenbahnfiskus mit der internationalen Schlafwagengesellschaft, wonach sich letztere verpflichtet, ihre Wagen in dem gewöhnhlichen dem Eisenbahnfiskus gehörigen Zuge mitgehn zu lassen. Nebenbei erhält das Publikum von der Schlafwagengesellschaft auch Beköstigung gegen Bezahlung. Darin liegt wiederum ein Werkvertrag (die Zubereitung) eventuell ein Kaufvertrag. Dies nur nebenbei. Die vorliegenden Vertragverhältnisse sind für die Entscheidung nicht von Wichtigkeit, weshalb ich auf sie nicht näher eingehe. Nur verweise ich auf die zahlreichen Bearbeitungen dieser Materie so besonders im „Recht“ (1902 und 1901).

Wenn nun dem A. im Schlafwagen seine Uhr gestohlen wird, so könnte eine Haftung der Gesellschaft hierfür zunächst auf Grund des Werkvertrags, nämlich wegen mangelhafter Erfüllung desselben infolge von Fahrlässigkeit in Frage kommen. Eine Fahrlässigkeit liegt aber nicht vor, da Diebstahl als Zufall zu gelten hat. Dieser ist aber im Zweifel nicht zu vertreten (§ 276 e contrario). In Frage kommt aber weiter, ob die Gesellschaft auf Grund von § 701 haftet. Auch hierüber ist in der Literatur viel gestritten worden. Die Gesellschaft verabreicht in ihren Wagen Speisen und Getränke gegen Bezahlung. Die Gesellschaft beherbergt aber auch gewerbsmäßig Fremde. Es liegt daher kein Bedenken vor, die Gesellschaft unter die in § 701 bezeichneten Gastwirte zu rechnen. Sie hat deshalb dem Gaste den Schaden zu ersetzen, den er durch Verlust eingebrachter Sachen erleidet. Es fragt sich also noch ob die Uhr des A. als eingebrachte Sache im Sinne des § 701 Abs. 2 anzusehn ist. Das ist zu bejahn. Zwar ist für die Uhr im Wagen voraussichtlich kein bestimmter Ort angewiesen, aber der Fahrgast wird sie vermutlich beim Ablegen der Sachen an den für sie passenden Platz (das Wort „bestimmt" ist hier nicht angebracht) gelegt haben. Das ist aber auch der Fall, wenn er sie in der Tasche stecken läßt. Somit haftet die Gesellschaft dem A. für die Uhr nach § 701.

Die Frage, ob die Gesellschaft ein Verschulden trifft, ist also gleichgültig. § 701 will vielmehr gerade eine Haftung der Gastwirte über ein Verschulden hinaus anordnen.

Die Behauptung der Gesellschaft, sie sei nicht Gastwirt, ist also unrichtig, ebenso die Behauptung, sie habe keinen Mietvertrag mit B. geschlossen (allerdings nur stillschweigend), das übrige was sie bemerkt, ist richtig.

**Anm.** Es ist in solchen Fällen leicht möglich, daß der Kläger die Gesellschaft zu täuschen sucht, indem er gar keine Uhr hatte und sich durch die Behauptung, seine Uhr sei verschwunden, Geld von der Gesellschaft zu verschaffen sucht. Der Besitz der Uhr ist aber eine anspruchbegründende Tatsache, die der Kläger beweisen muß, wenn sie bestritten wird. Dadurch ist also der Gastwirt jederzeit geschützt. Er ist ja auch berechtigt, sich die Haftung insoweit zu erleichtern, als er die Abgabe von Wertgegenständen verlangt und nur unter dieser Bedingung die Haftung für dieselben übernimmt. § 701 ist also nicht als absolutes Gesetz zu denken, sondern die strenge Haftung kann durch Vereinbarung vermindert oder erlassen werden. (Wenn auch ein Anschlag, der dann als vom Gaste stillschweigend angenommen zu gelten hat, wegen der Wichtigkeit der Erklärung in diesem Falle nicht genügt, vergl. Kom. von Rosenthal, Abs. 3 zu § 701.)

Andere Gastwirte, z. B. Restaurateure, die nicht gewerbsmäßig Fremde zur Beherbergung aufnehmen, haften nach B.G.B. nicht mehr, wie früher, für die von den Gästen eingebrachten Sachen (Mäntel, Schirme, Stöcke u. s. w.).

**Fall 230.** (Schücks Civilrechtspraktikum Seite 58.)

Das B.G.B. unterscheidet nicht mehr zwischen solchen Spielen, bei denen Gewinn und Verlust vollständig dem Zufall überlassen sind (sogenannte reine Glücksspiele) und solchen, zu denen eine gewisse Fähigkeit gehört, die Gewinn und Verlust mit beeinflußt (sogenannte Spiele virtutis causa), wie dies z. B. beim Skatspiel der Fall ist. Der Skat ist als Spiel im Sinne des § 762 aufzufassen. Somit ist zwischen A. und B. durch das Spiel keine Verbindlichkeit entstanden.

Offenbar im Hinblick darauf hat A. dem B. einen Schuldschein in Höhe von 100 M. ausgestellt. Es fragt sich ob dadurch nunmehr eine Verbindlichkeit begründet worden ist. Der Schuldschein enthält hier ein Schuldanerkenntnis. Dieses begründet nach § 762 Abs. 2 ebensowenig wie das Spiel eine Verbindlichkeit.

Weiter hat C schriftlich — also der Form des § 766 entsprechend — für die Spielschuld des A. Bürgschaft geleistet. Diese Bürgschaft ist wiederum wirkungslos, und zwar nach § 767, da die von den Parteien vorausgesetzte Hauptverbindlichkeit — das Spiel — keine Verbindlichkeit begründet hat und ebensowenig die Ausstellung des Schuldscheins. (Vergl. auch Rosenthal, Kom. zu § 765, Anm. 2, die besser unter Anm. 3a stehn würde.)

Der Verzicht seitens des A. auf den Einwand des Spiels hat keine Wirkung. Denn § 762 Abs. 1 soll ein sogenanntes absolutes Gesetz sein. Dieses Motiv des Gesetzgebers geht aus § 762 Abs. 2 hervor, welche Vorschrift bezweckt, jede dem § 762 Abs. 1 widersprechende Vereinbarung der Parteien zu verhindern. Obgleich also das Gesetz für den Verzicht auf den Einwand des Spiels kein spezielles Verbot enthält, so ist ein solches aus dem Sinne des Gesetzes zu entnehmen.

**Anm.** Übrigens gibt es gar keinen eigentlichen Einwand des Spiels. Ein Kläger, der eine Spielschuld einklagt und als Klaggrund die causa aleatoria angibt, wird abgewiesen, ohne daß der Beklagte einen Einwand des Spiels zu erheben braucht, ja der Kläger erhält in diesem Falle kein Versäumnisurteil, weil sein Vorbringen den Antrag nicht rechtfertigt (sog. unschlüssige Klage). Anders liegt es beim Anerkenntnis der Spielschuld. Hier kann die Klage lediglich auf Anerkenntnis gestützt sein. Dann muß als rechtshindernde Tatsache vom Beklagten vorgebracht werden, daß Spiel vorgelegen habe. Diese rechtshindernde Tatsache hat hier der Beklagte zu beweisen. — Die gleichen Grundsätze gelten für die Bürgschaft für eine Spielschuld.

**Fall 235.** (Schücks Civilrechtspraktikum Seite 59.)

A. hat dem B. gegenüber ein Schuldanerkenntnis abgegeben, welches sich auf Darlehns- und Kaufgeschäfte bezieht, somit nicht abstrakt gefaßt ist, sondern den Schuldgrund angibt. Dasselbe ist verbunden mit einem Zahlungsversprechen (constitutum debiti) dieses wiederum ist an eine Befristung geknüpft, wenigstens nehme ich eine Befristung und nicht eine Bedingung aus folgenden Gründen an. B. will, indem er sich mit der Verpflichtung des A., beim Eintritt besserer Vermögensverhältnisses zu zahlen, dem A. nichts schenken. A. schuldet also weiter, wie vorher, seine Schuld wird aber erst fällig mit Eintritt besserer Vermögensverhältnisse.

Es liegt also ein sogenannter dies incertus quando vor. Man könnte meinen es liege auch dies incertus an vor. Ich bin aber der Ansicht, daß die Stundung etwas Höchstpersönliches ist und daher die Forderung spätestens mit dem Tode des A. fällig wird. (Ähnlich Sächs. B.G.B. § 715.) Doch dies nur zur Einleitung. Von entscheidender Bedeutung für den Fall ist es nicht.

B. behauptet nun auch Ablauf von 2 Jahren, die Befristung falle weg, da sich die Vermögensverhältnisse des A. gebessert hätten. A. gibt zu, daß sich seine Einnahmen in der von B. bezeichneten Weise erhöht haben, wenigstens ist das nach den Grundsätzen der C.P.O. anzunehmen, da er das diesbezügliche Vorbringen des B. (bis zum Schlusse der Verhandlung, wie ich den Umständen nach annehme) nicht bestreitet. A. entgegnet, er sei trotzdem zur Nachzahlung nicht imstande, er bestreitet somit, daß seine Vermögensverhältnisse bessere geworden seinen und daher die Befristung weggefallen sei, mit der Begründung, die Ausgaben seien größere geworden, weil seine Familie sich vergrößert habe und seine ehemaligen Gläubiger noch zu befriedigen seien. Er meint damit diejenigen, die nicht befristete Forderungen haben.

Die Klage des B. stützt sich auf das von A. abgegebene Schuldanerkenntnis und Zahlungsversprechen und zugleich auf die Behauptung des Wegfalls des Befristung. Er begründet den Anspruch zunächst mit dem Hinweis darauf, daß A. vor einigen Wochen 100 000 M. in der Lotterie gewonnen habe. A. gibt das zu. Gefragt ist, ob B. daraufhin den Eintritt besserer Vermögensverhältnisse bei A. beweisen muß. Bei der Höhe des von A. gemachten Gewinns spricht die Vermutung unbedingt dafür, daß seine Vermögenslage nunmehr eine bessere geworden ist. Somit muß A. zweifellos das Gegenteil beweisen. Bezüglich des Gehalts könnte man schon zweifelhaft sein, wer zu beweisen hat. Aber auch hier hat dies m. E. der A. zu tun, denn wenn sich auch die Familie das A. vergrößert hat, so könnte er doch wenigstens jetzt mit Abzahlungen beginnen.

Ist A. mit dem Eintritt besserer Vermögensverhältnisse in Verzug geraten? Diese Frage gilt natürlich nur für den Fall, daß A. diesen Eintritt besserer Vermögensverhältnisse nicht widerlegen kann. Sie ist zu verneinen. Denn nach den allgemeinen Grundsätzen des § 284 ist Voraussetzung des Verzugs die Mahnung. Eine solche liegt aber bei A. nicht vor. Man könnte höchstens einwenden, die Vertragsbestimmung „beim Eintritt besserer Vermögensverhältnisse“ enthalte eine Fristbestimmung nach dem Kalender, so daß nach § 284 Abs. 2 Verzug auch ohne Mahnung eingetreten sei.

Diese Ansicht ist aber falsch, denn eine Frist nach dem Kalender muß immerhin genauer bestimmt sein. Daher ist eine Mahnung hier erforderlich, um den Schuldner in Verzug zu setzen. Sache des B. ist es, seinen Schuldner im Auge zu behalten und ihn im gegebenen Falle zur Zahlung aufzufordern.

**Fall 237.** (Schücks Civilrechtspraktikum Seite 60.)

Der Vertrag zwischen A. und B. ist ein solcher im Sinne des § 700, ein sogenanntes irreguläres Depositum. Der Bankier braucht nicht dieselben Geldstücke, die hinterlegt sind, zurückzugeben, sondern nur dieselbe Summe. Er darf ferner das hinterlegte Geld verbrauchen. Es finden daher nach § 700 Abs. 1 Satz 2 die Regeln über das Darlehn Anwendung. (§§ 607 fg.) (Vielleicht liegt auch § 700 Abs. 1 Satz 1 vor) Das Geld geht somit in das Eigentum des Bankiers über. Der Bankier ist als Schuldner zur Rückgabe der hinterlegten Summe verpflichtet. Doch ist dies nebensächlich. Die Hauptfrage betrifft das Folgende:

Indem A. von seinem Guthaben bei B. 400 M. abhebt, macht er seine Forderung auf Rückzahlung der Darlehnssumme geltend. Wenn B. dem A. daraufhin eine Rolle mit 380 M. übergibt, die den Vermerk enthält: „400 M. in Geld, beim Empfange zu zählen", so weiß A. noch nicht, ob die Rolle wirklich die geschuldete Summe enthält. Er muß also, um sich zu sichern, die Rolle beim Empfang öffnen. Insbesondere muß er dies, wegen der auf der Rolle befindlichen Aufforderung des B. Das tut aber A. nicht, sondern quittiert, ohne zu zählen. Damit hat er die Leistung angenommen. Er hat sie aber nicht nur im untechnischen Sinne angenommen, sondern auch im juristischen, das heißt *als Erfüllung* angenommen, denn er hat über dieselbe vorbehaltlos Quittung geleistet, ohne die Geldstücke zu zählen. Wenn er daher zu Haus findet, daß die Rolle nur 380 M. und nicht 400 M. enthält und er jetzt die Leistung nicht als Erfüllung gelten lassen will, weil sie unvollständig gewesen sei, so trifft ihn nach § 363 *die Beweislast*. (Vergl. Rosenthal, Anm. 1a zu § 363.)

**Anm.** In derartigen Fällen empfiehlt es sich also, bei Annahme des Geldes Zeugen zuzuziehen, um sich die Beweispflicht zu erleichtern. Falls A. dies nicht getan hat, muß er dem B. den Eid über die Leistung von nur 380 M. zuschieben. Diesen wird B. vermutlich nicht annehmen, denn da er als Prinzipal wahrscheinlich nicht selbst die Verpackung der Rolle vorgenommen hat, so kann er über diese Frage gar nicht unterrichtet sein. B. wird also dem A. den Eid wohl zurückschieben müssen und nunmehr kann A. die Wahrheit seiner Aussage beschwören. (Bedingtes Endurteil.)

**Fall 243.** (Schücks Civilrechtspraktikum Seite 61.)

1. Die Handlung das A. ist Diebstahl, also eine unerlaubte Handlung. A. wird daher nicht Eigentümer der gestohlenen 10 M. Wenn nun A. für das Geld ein Los kauft und das Geld dem Verkäufer derselben übergibt, so wird dieser, da er gutgläubig ist, nach § 935 Abs. 2 Eigentümer des Geldes (s. auch § 948). B. kann daher das Geldstück nicht mehr von diesem herausverlangen. B. kann aber nach § 823 für die gestohlenen 10 M. Schadensersatz von A. verlangen und es fragt sich dabei, in welcher Höhe. A. hat dadurch, daß er die 10 M. dem Verkäufer des Loses übergab, einen Gewinn von 5000 M. gemacht, und es fragt sich, insbesondere, ob er nur die gestohlenen 10 M. oder auch den Gewinn von 5000 M. herauszugeben hat. Die Höhe und Art des Schadenersatzes regeln die §§ 249 fg. Nach § 252 ist der vorhandene Schaden und der entgangene Gewinn zu ersetzen (damnum emergens und lucrum cessans). Der entstandene Schaden ist schon festgestellt. Er beträgt 10 M. Es fragt sich aber: Ist der von A. gemachte Gewinn von 5000 M. als dem B. entgangener Gewinn anzusehn? Das ist zu verneinen. Als entgangener Gewinn gilt nach § 252 Satz 2 der Gewinn, der nach dem gewöhnlichen Lauf der Dinge zu erwarten ist. Nach diesem ist aber nicht zu erwarten, daß jemand mit einem Zehnmarkstück einen Gewinn von 5000 M. macht, sondern es ist dies ein Ausnahmefall. Also kann B. nur Ersatz in Höhe von 10 M. von A. verlangen und nach § 849 Zinsen seit dem Tage der Wegnahme. Der Gewinn dagegen bleibt dem Dieb.

2. Hier liegt seitens des B. ebenfalls Diebstahl — also eine unerlaubte Handlung im Sinne des § 823 vor. Das gestohlene Objekt ist aber hier nach § 935 durch Übergabe nicht Eigentum des Dritten — also des Liebhabers — geworden. B. hat daher gegen diesen die Eigentumklage (§§ 985 fg.). Außerdem besteht wieder die Schadensersatzpflicht des A. nach § 823 verb. mit § 281. Hier dringt B. mit der Klage auf das Doppelte des Werts durch, denn nach dem gewöhnlichen Lauf der Dinge ist es nicht unwahrscheinlich, daß man für einen Papagei das Doppelte des Werts erhält, da es Liebhaber von Papageien in großer Zahl gibt. Also kann B. den von A. für den Papagei erhaltenen Preis in Höhe des doppelten Werts desselben ersetzt verlangen. (Vergl. Fall 94.)

**Fall 245.** (Schücks Civilrechtspraktikum Seite 62.)

Nach § 762 ist durch das Spiel zwischen A. und B. eine Verbindlichkeit — wenigstens eine solche im Sinne des Gesetzes — nicht entstanden.

Eine solche wird nach § 762 Abs. 2 ebensowenig begründet, wenn A., wie der Text andeutet, ein Schuldanerkenntnis verbunden mit einem Zahlungsversprechen für 1. Juli wegen dieser Schuld abgegeben hat. (Vergl. Fall 230.)

Wenn nun A. nach seiner Heilung die schon gezahlte Spielschuld von B. zurückfordert, indem er sich darauf stützt, daß sein Bruder keinen Auftrag gehabt habe, ihn zu vertreten und daß er die Zahlung nicht genehmige, so ist zur Beurteilung seiner Berechtigung hierzu das Rechtsverhältnis zwischen A. und B. zu untersuchen. Indem der Bruder des A. dessen Spielschuld bezahlt, handelt er als dessen Geschäftsführer ohne Auftrag (§§ 677 fg.). Die §§ 677 fg. regeln nur das innere Rechtsverhältnis zwischen dem Vertreter ohne Vertretungsmacht und dem Vertretenen, hier aber kommt das äußere Verhältnis zwischen dem Vertreter ohne Vertretungsmacht und dem Dritten in Betracht, welches die in das allgemeine Vertretungsrecht gehörigen §§ 177—80 regeln. Diese geben auch Auskunft über den Fall der Nichtgenehmigung des vom Geschäftsführer abgeschlossenen Vertrags durch den Geschäftsherrn. Indem A. die Zahlung nicht genehmigt und deshalb den Betrag von B. kondiziert, stützt er sich auf § 177 verb. mit § 812 und behauptet Nichtigkeit des Rechtsgeschäfts, nämlich der Zahlung. Damit hat A. recht. Denn nach § 177 ist ein Vertrag, der ohne Genehmigung des Vertretenen vom Vertreter abgeschlossen wird, ungültig. Die Eigentumsübertragung — also hier die Zahlung der 1000 M. seitens des Bruders an B. — enthält nun nach der herrschenden Meinung einen Vertrag (bestehend in der Einigung darüber, daß Eigentum übergehen soll (siehe Fälle 24, 28). Dessen Abschluß ist hier von A. nicht genehmigt worden. Also ist derselbe nichtig. Somit ist B. um die gezahlten 1000 M. durch die Zahlung ohne Grund bereichert und muß sie an den A. auf dessen Klage hin herausgeben.

Es liegt nahe, daß sich B. bei seiner Verteidigung auf § 762 Abs. 1 Satz 2 stützt, wonach das auf Grund des Spiels geleistete nicht deshalb zurückgefordert werden kann, weil eine Verbindlichkeit nicht bestanden hat. Diese Vorschrift gilt aber nur für den Fall, daß sich der Zurückfordernde bloß auf Spiel beruft. Andere Rückforderungsgründe (z. B. Minderjährigkeit) werden dadurch nicht ausgeschlossen. (Vergl. Rosenthal, Anm. 2 zu § 762.) Einer derselben — nämlich Nichtigkeit der Eigentumsübertragung infolge der Nichtgenehmigung durch den Geschäftsherrn — liegt hier vor, und B. wäre daher mit diesem Einwand abzuweisen.

**Fall 249.** (Schücks Civilrechtspraktikum Seite 63.)

Es liegt der Fall des § 407 vor. Der Schuldner A. hat an den bisherigen Gläubiger B. am 20. April gezahlt, ohne zu wissen, daß die Forderung bereits am 18. April an C. abgetreten worden ist. Die Benachrichtigung seitens des C. erfolgt erst nach der Zahlung im Mai. Daher muß C. die Leistung an B. gegen sich gelten lassen, wenn er nicht beweist, daß der A. die Abtretung kannte. Da C. dies nicht beweist, so ist das Gegenteil anzunehmen. C. muß also mit einer Klage gegen A., wenn der Prozeß normal verläuft, abgewiesen werden. Der Prozeß verläuft aber nicht normal, denn A. erscheint in dem Termin zur mündlichen Verhandlung nicht. Gemäß § 331 C.P.O. werden daher die Behauptungen des Klägers als zugestanden angesehn und es ergeht ein Versäumnisurteil. (Ob das ergehn durfte, ist fraglich, denn das Vorbringen des Klägers muß den Klagantrag rechtfertigen, § 331 Abs. 2 C.P.O.) Dieses Urteil ist der Rechtskraft fähig, falls nicht innerhalb einer Notfrist von 2 Wochen Einspruch gegen dasselbe eingelegt wird. Das geschieht hier seitens des A. nicht. A. muß also die 20 M. an den C. noch einmal zahlen, obleich er sie ihm nicht schuldet, aber nicht auf Grund der Cessionsvorschriften des B.G.B., sondern auf Grund des § 331 der C.P.O.

A. belangt nun nach seiner Verurteilung den B. auf Herausgabe der am 20. April gezahlten 20 M. Wird er mit der Klage durchdringen? Das ist zu bejahn. A. durfte nach § 407 den B. noch als seinen Gläubiger ansehn. Er hat an ihn gezahlt in der Absicht, die Schuld aus dem Darlehn zu erfüllen. Dieser Rechtsgrund ist aber später ohne sein Wissen infolge der Abtretung weggefallen. Also ist B. auf Kosten des A., der nichts von der Abtretung wußte, bereichert. A. hat also gegen B. ohne Zweifel eine Bereicherungsklage nach §§ 812 Abs. 1 Satz 2. (Vergl. Kom. von Rosenthal, Anm. 3f zu § 812.) B. muß daher auf die Klage des A. hin nach § 812 zur Zahlung der 20 M. an A. verurteilt werden. Auch die Kosten des Prozesses hat B. zu tragen, da er dadurch, daß er dem A. nicht sofort Anzeige von der Abtretung gemacht hat, die Klage veranlaßt hat und weil er die Zahlung von A. angenommen hat, ohne mehr berechtigt zu sein.

**Anm. 1.** Nimmt man an, der obige Prozeß zwischen C. und A. wäre normal verlaufen und C. wäre mit der Klage abgewiesen worden, so hätte C. natürlich noch gegen B. klagen können und zwar auf Grund des Abtretungsgeschäfts. C. ist nach § 398 Satz 2 mit der Abtretung an Stelle des B. getreten. B. durfte deshalb die Zahlung seitens des A. nicht annehmen, sondern nur C. B. haftet daher dem C. auf

Gewährung dessen, was er nach dem Cessionsgeschäft verlangen kann. Zugleich ist natürlich B. auf Kosten des C. bereichert und haftet daher auch auf Grund des § 812.

**Anm.** 2. Wenn es übrigens im Text heißt, daß C., der neue Gläubiger, dem A. im Mai die Abtretung vorschriftsmäßig bekannt macht, so ist das Wort „vorschriftsmäßig", wie sich gezeigt hat, nicht ganz korrekt. Das B.G.B. schreibt in den §§ 406 fg. überhaupt keine Anzeige vor, sondern regelt nur die Verhältnisse für die Fälle, daß die Anzeige erfolgt ist oder daß sie nicht erfolgt ist. Zweckmäßig ist jedenfalls, daß sie gleich nach der Abtretung erfolgt, nicht erst wie hier, bedeutend später. Das B.G.B. verlangt auch nicht, daß der Cessionar unbedingt die Anzeige erstatten muß, damit sie wirksam wird. Beide, sowohl Cedent wie Cessionar, können anzeigen. (Das ergibt sich aus dem Gebrauch des bloßen Wortes „Gläubiger" in § 409.)

**Fall 255.** (Schücks Civilrechtspraktikum Seite 64.)

Die Formulierung des Falls (zu beachten besonders die Worte: „Der wahre Eigentümer") deutet darauf hin, daß die Kuh dem Eigentümer wider Willen abhanden gekommen ist, daß sie also ihm gestohlen, von ihm verloren worden, oder ihm sonst abhanden gekommen ist. (Also jedenfalls wider seinen Willen und nicht durch Übergabe.) A. hat nunmehr, sei es durch Übergabe seitens eines Dritten, sei es auf sonstige Weise (z. B. auf Grund der Vorschriften über die Fundlehre der §§ 965 fg.). Besitz an derselben erlangt, auf Grund dessen er sich für den Eigentümer hält. Nach § 935 kann A. unter diesen Umständen kein Eigentum an der Kuh erworben haben, sondern er ist nur gutgläubiger Erwerber, also sogenannter Eigenbesitzer im Sinne des § 872. Es fragt sich nun, ob C., der wahre Eigentümer der Kuh, irgend einen Anspruch gegen A. hat. Die Eigentumsklage auf Grund der §§ 985 fg. ist gegenüber dem A. ausgeschlossen, da A. die Kuh gar nicht mehr hat, sondern sie für 300 M. an den Dritten verkauft und übergeben hat, A. hat aber durch die Kuh einen Erwerb gemacht, indem er als Nichtberechtigter über dieselbe eine Verfügung traf. Diesen Erwerb hat A. zwar nicht durch die Leistung des C., wohl aber „in sonstiger Weise auf dessen Kosten" gemacht, und zwar ohne rechtlichen Grund. A. ist also auf Grund der §§ 812 fg. — insbesondere des § 816 — als bereichert anzusehn. Er ist daher dem C. zur Herausgabe der Bereicherung verpflichtet. (Die frühere condictio sine causa, vergl. Kom. von Rosenthal, Anm. 3 vor § 812 unter e.) Wieviel beträgt nun diese Bereicherung? A. hat durch Verkauf der Kuh 300 M. erlangt. Muß er diese ganze Summe herausgeben? Die Billigkeit verlangt meines Erachtens, daß A., wenn der Normalwert der Kuh 200 M. beträgt und er sie für 300 M. verkauft, nur den Normalwert der Kuh, also 200 M. herauszugeben braucht. Denn wenn A. eine höhere als die zu erwartende Einnahme erzielt, so hat er das voraussichtlich durch seine eigne Tätigkeit, vielleicht durch ganz besondere Geschicklichkeit oder Erfahrung, erreicht. Auch ist zu beachten, daß A. gutgläubig ist. Somit wird er nur 200 M. an C. herauszugeben brauchen.

Kann A. Abzüge machen wegen Verwendungen? Das kann er eventuell auf Grund von § 994. (Bezüglich der Verwendungen kommen diese Vorschriften analog zur Anwendung, trotzdem nicht die Eigentumsklage vorliegt.) Wenn die Kuh Milch gegeben hat, so kann A. nach § 994 Satz 2 keine Abzüge machen, da die gewöhnlichen Unterhaltungskosten — also z. B. die Futterkosten — mit den Nutzungen aufzurechnen sind. Hat A. dagegen außerordentliche Aufwendungen zur Erhaltung der Kuh machen müssen, so sind ihm diese nach § 995 Satz 2, trotzdem er die Nutzungen der Sache gezogen hat, zu ersetzen, falls sie für solche außerordentliche Lasten erfolgt sind, die als auf den Stammwert der Sache gelegt anzusehn sind. (Gemeint sind z. B. Kosten einer Krankheit.)

**Fall 260.** (Schücks Civilrechtspraktikum Seite 65.)

Die B. begeht, indem sie dem A. die 400 M. stiehlt eine unerlaubte Handlung im Sinne des § 823. Sie haftet also dem geschädigten A. auf Schadensersatz. Die B. hat das gestohlene Geld auf der Sparkasse eingezahlt. An diesem wird nach § 935 Abs. 2 die Sparkasse als gutgläubige Erwerberin Eigentümerin, da die Hundertmarkscheine Inhaberpapiere im Sinne des § 793 sind und für diese § 935 Abs. 1 nicht gilt. Die Sparkasse wird durch Einzahlung des Geldes Schuldnerin aus einen Darlehnsvertrag und gibt ihrer Gläubigerin zum Beweise, daß ihr die Forderung zusteht, ein Sparkassenbuch. Dieses ist ein Schuldschein im Sinne des § 952, an welchem der Gläubigerin das Eigentum zusteht. Die B. hat nun das Sparkassenbuch auf den Namen ihrer Mutter ausgestellt erhalten und es fragt sich daher, ob nicht die Mutter Gläubigerin wird. Das ist zu verneinen, denn die Mutter wird vor der Einzahlung nicht Eigentümerin des Geldes, somit auch nach derselben nicht Forderungsberechtigte. Vielmehr gehört dazu der Wille der B., ihrer Mutter dieses Eigentum zu übertragen, um sie zu bereichern. Diese Absicht hat aber die B. nicht. Der Umstand, daß die Einzahlung des Geldes auf den Namen der Mutter geschieht, hat also gar keine Bedeutung. Die B. ist m. E. trotzdem durch die Einzahlung alleinige Berechtigte geworden. Wenn daher die Mutter der B. stirbt, so kann sich die Klage des A.

keinesfalls gegen die C. und D. richten, gegen die B. wenigstens nicht in ihrer Eigenschaft als Erbin der Mutter.

Die Klage des A. gegen die B. kann sein:

1. Die Klage aus § 823 auf Schadensersatz wegen unerlaubter Handlung.

2. Die Klage aus § 812 wegen Bereicherung.

Durch beide Klagen wird in diesem Falle dasselbe erreicht, nämlich Herausgabe von 400 M. nebst den normalerweise zu erwartenden Zinsen.

Ist es auf die Entscheidung von Einfluß u. s. w.? Es ist gleichgültig, ob die B. die Scheine vor der Einzahlung in Gold umwechselt, denn dann wird der Wechselnde Eigentümer der Papiere, falls er gutgläubig ist. Die B. haftet aber wie vorher nach § 823 und § 812. Wenn die A. die Scheine zunächst ausgeliehn und dann das Geld nebst Zinsen eingezahlt hat, so bleibt die Entscheidung ebenfalls dieselbe. Die Zinsen der 400 M. in Höhe von 10 M. muß die A. ebenfalls herausgeben.

Fall 266. (Schücks Civilrechtspraktikum Seite 67.)

Wenn der Text sagt, daß das Dienstmädchen A. den Kehricht nur „aus Bequemlichkeit“ in das Klosett wirft, so soll damit angedeutet werden, daß sie sich dessen wohl bewußt ist, daß aus dieser Handlung ein Schaden entstehn kann. Sie hat also damit die im Verkehr erforderliche Sorgfalt verletzt und handelt daher fahrlässig (§ 276). Sie handelt auch widerrechtlich, denn sie ist verpflichtet, den Kehricht an die dazu bestimmte Stelle zu schaffen. Durch ihre Handlung ist das Klosett verstopft worden. Somit hat sie das Eigentum eines anderen — nämlich des Vermieters — durch Fahrlässigkeit widerrechtlich verletzt (fahrlässige Sachbeschädigung), sie haftet ihm daher auf Schadensersatz nach § 823. Der Vermieter wendet sich aber gar nicht gegen die A., sondern gegen ihren Dienstherrn. Es fragt sich also, ob dieser neben der A. haftet.

Der Vermieter kann sich mit seiner Schadensersatzforderung auf zweierlei stützen, auf § 823 verb. mit § 831 und auf den Mietvertrag, also auf die §§ 535 fg. verb. mit § 278. Die A. ist von ihrem Dienstherrn zweifelos zu einer Verrichtung bestellt, also muß der Dienstherr für den Schaden haften, den sie dem Dritten — also dem Hauseigentümer — widerrechtlich zufügt. Daß das Letztere geschehn ist, ist oben festgestellt worden. Somit haftet der Dienstherr auf Schadensersatz. Nach § 831 Satz 2 kann er sich aber von der Haftung durch den Nachweis befreien, daß er bei Auswahl der A. die im Verkehr erforderliche Sorgfalt angewendet habe. Insbesondere kann es hier an der erforderlichen Leitung und Aufsicht gefehlt haben. Art und Umfang des Schadensersatzes richten sich nach den §§ 249 fg. Danach ist zunächst Wiederherstellung des frühren Zustands, also Reparatur zu verlangen.

Mehr zu empfehlen ist daher dem Hauseigentümer, daß er gegen den Dienstherrn der A. auf Grund des mit diesem abgeschlossenen Mietvertrags wegen mangelhafter Vertragserfüllung vorgeht. Es kann dies also auf Grund der §§ 535 fg. verb. mit § 278 geschehn. Der Mietvertrag ist ein komplizierter Vertrag, der nach § 535 zunächst auf Gewährung des Gebrauchs an einer Sache gegen Zahlung des Mietzinses geht, der aber daneben eine Anzahl von Nebenverpflichtungen auf beiden Seiten umfaßt, für den Mieter insbesondere die Verpflichtung, die Wohnung während der Mietzeit pfleglich zu benutzen und jede Verschlechterung derselben (abgesehn von der gewöhnlichen Abnutzung) zu vertreten (vergl. §§ 548, 558) (ähnlich beim Kaufvertrag, vergl. Fall 113). Zur pfleglichen Benutzung gehört auch die Vornahme der nötigen Reinigung. Zur Erfüllung dieser Verbindlichkeit hat der Mieter die A. bestellt. Er haftet somit aus deren Verschulden nach § 278 (verb. mit § 276) dem Vermieter wegen der Verschlechterung auf Schadensersatz. Art und Umfang desselben regeln wiederum die §§ 249 fg.

**Anm.** Über die Konkurrenz von Kontrakts- und Deliktsklage s. v. Liszt, Deliktsobligationen, S. 11, S. 105.

**Fall 267.** (Schücks Civilrechtspraktikum Seite 67.)

Die Treppenbeleuchtung ist durch Polizeiverordnungen vorgeschrieben. Wer nach diesen zur Beleuchtung verpflichtet ist, handelt, wenn er sie trotzdem nicht vornimmt, widerrechtlich, er handelt auch fahrlässig, denn er verletzt die im Verkehr erforderliche Sorgfalt. Entsteht dadurch ein Schaden, so haftet der Verpflichtete also nach § 823, insbesondere § 823 Abs. 2. (Ich gehe hier nicht auf die recht unfruchtbare Kontroverse darüber ein, was man unter die den Schutz eines anderen bezweckenden Gesetze im Sinne des § 823 Abs. 2 zu zählen hat, sondern nehme dessen Vorliegen unbedenklich an, vergl. v. Liszt, Deliktsobligationen, S. 33, Rosenthal, Vorbem. zu den §§ 823—53, S. 669.) Der Umstand, daß der Schaden durch ein Unterlassen entsteht, während § 823 nur von positiven Handlungen spricht, kommt zu Gunsten desjenigen, welcher nicht beleuchtet nicht in Betracht, weil unter § 823 auch alle Unterlassungen fallen, bei denen eine Verpflichtung zum Handeln vorlag. (Vergl. Fall 4 Abs. 1 am Schluß.)

Nach der Polizeiverordnung liegt nun die Verpflichtung zur Beleuchtung in erster Linie dem Hausherrn ob. Dieser hat aber seine Verpflichtung im vorliegenden Falle durch Vertrag auf die Mieter übertragen. Im Falle der Nichtbeleuchtung haften also die Mieter. Für den Hausherrn ist ihr Verschulden ein fremdes Verschulden. Für dieses kann aber der Hausherr nach § 831 haftbar gemacht werden. Denn man kann wohl unbedenklich behaupten, daß er die Mieter „zu einer Verrichtung bestellt" hat. (Vergl. auch § 831 Abs. 2.) Von dieser Haftpflicht kann sich aber der Hausherr nach § 831 Abs. 1 Satz 2 durch den Nachweis befreien, daß er bei Bestellung des Mieters zur Treppenbeleuchtung die im Verkehr erforderliche Sorgfalt beobachtet habe. Wenn also das Stockwerk, für dessen Beleuchtung B. Sorge zu tragen hat, vorschriftswidrig nicht beleuchtet ist, so kann sich A. seine Haftpflicht gegenüber der Ehefrau das E. nicht unter Berufung auf den mit B. geschlossenen Vertrag entziehn, sondern kann dies nur in der obigen Weise tun.

A. macht außerdem geltend, daß die Lampe am Abend des 3. Januar angezündet, aber entweder durch einen Uubefugten oder durch einen Windstoß ausgelöscht worden sei. Da die Haftung des A. nach § 831 nur eine solche für fremdes Verschulden ist, so kommt also in Frage, ob der Mieter B. zu haften hat. Eine Polizeiverordnung wird m. E. auch dann übertreten, wenn ihr, wie hier, infolge eines Zufalls und somit ohne Verschulden des Verpflichteten nicht genügt ist. (Anders Olshausen, Vorbem. 2 vor § 360, wonach Fahrlässigkeit genügt, Vorsatz aber nicht nötig ist.) Doch das gilt nur vom Standpunkte des öffentlichen Rechts aus. Privatrechtlich kommt hier § 823 Abs. 2 Satz 2 zur Anwendung. Danach tritt die Ersatzpflicht nur im Falle des Verschuldens ein, wenn nach dem Inhalte des Gesetzes ein Verstoß gegen dieses auch ohne Verschulden möglich ist. Da hier vermutlich Zufall vorliegt, so wird ein Verschulden des B. nicht anzunehmen sein. (Denkbar wäre ein solches schon, z. B. weil B. die durch Zufall ausgelöschte Lampe trotz Kenntnis hiervon nicht wieder anbrannte.) Wenn aber B. nicht haftet, so haftet A. nach § 831 umsoweniger. Natürlich muß A. seinen Einwand beweisen.

Würde der Fall u. s. w.? Die Waschfrau kann ebenfalls Ersatz von A. fordern, vorausgesetzt, daß Verschulden des B. vorliegt. Denn es ist selbstverständlich, daß jeder Dritte das Recht auf Schadensersatz geltend machen kann, nicht nur einer der Mieter. Der Zweck der Polizeiverordnung ist der Schutz aller in dem Hause verkehrenden Menschen. Der Umstand, daß E., dessen Ehefrau verletzt ist, selbst zur Beleuchtung verpflichtet war, spielt keine Rolle, da der Unfall sich nicht auf seiner Treppe abgespielt und er auch der Verpflichtung nicht zuwider gehandelt hat.

Zu erörtern wären endlich noch Umfang und Art der Schadensersatzpflicht des A. A. hat nach den allgemeinen Grundsätzen über Schadensersatzleistung (§§ 249 fg.) den entstandenen Schaden und den entgangenen Gewinn zu ersetzen. Zu ersterem gehören zweifellos die Kur- und Heilungskosten und zu letzterem die Entschädigung wegen des während der Krankheit entgangenen Arbeitsverdienstes. Für die Zukunft hat A. der E. nach § 843 eine Rente zu zahlen, die nach den Regeln über die Leibrente (§§ 759—61 zu beurteilen ist.

Anm. Bemerkt sei noch, daß zunächst kein Grund dafür vorliegt, daß auch der Ehemann der E. mit als Kläger auftritt. Die Leistungen, welche der A. hier an die Ehefrau des E. zu machen hat, fallen ohne Zweifel in das Vorbehaltsgut derselben, soweit es sich um Entschädigung wegen des entgangenen Verdienstes und um die Rente handelt. (§§ 1365 fg.) Die Klage des Ehemannes wird aber insofern berechtigt sein, als dieser vermutlich die Kur- und Heilungskosten aus eignen Mitteln bestritten hat. Dies hätte er auf Grund seiner Unterhaltspflicht unter Umständen sogar tun müssen (§ 1360). Insofern kann man also sagen, daß sein Vermögen geschädigt ist und er deshalb ebenfalls aus § 823 klagen kann (vergl. auch §§ 1380, 845, 844 verb. mit 1360 Abs. 2, 1360 Abs. 1).

**Fall 268.** (Schücks Civilrechtspraktikum Seite 67.)

Die Entscheidung hängt ab von der Auslegung des § 833. Danach haftet derjenige, welcher ein Tier hält, für den Schaden, den das Tier durch Beschädigung einer Sache herbeiführt. Wird aber hier eine Sache beschädigt? Das ist zu verneinen. Meines Erachtens ist aber § 833 ebenso extensiv auszulegen, wie § 303 Str.G.B. (wonach derjenige, welcher einen Kanarienvogel in Freiheit setzt oder eine fremde Sache in das Meer wirft, bei enger Auslegung nicht bestraft werden kann). Sonach würde ich dem B. eine Schadensersatzforderung gegen A. zuerkennen.

Anm. Über die Frage ist in letzter Zeit viel diskutiert worden. In den ergangenen Entscheidungen sind beide Ansichten vertreten.

A. Rietz & Sohn, Naumburg a. S.

Kolibri 360 GmbH
Ferdinand-Jühlke-Straße 7
99095 Erfurt, Deutschland
produktsicherheit@kolibri360.de